Berühmte und Berüchtigte

SV

Fritz Meingast

Berühmte und Berüchtigte

Bayerische Porträts

Süddeutscher Verlag

Schutzumschlag und Titelvignetten:
Friedl Rasp, Holzkirchen

ISBN 3-7991-5825-1

Printed in Germany. Schrift: Garamond Antiqua
Satz und Druck: Süddeutscher Verlag GmbH, München
Bindearbeit: R. Oldenbourg, München

Inhalt

Einleitung

Bayern ist reich an starken Persönlichkeiten. Ein paar Dutzend von ihnen haben ihren Platz nicht nur in den Geschichtsbüchern, sondern auch im Herzen des Volkes. Darunter befinden sich Frauen und Männer, die im üblichen Sinn des Wortes als berühmt, aber auch solche, die als berüchtigt gelten. Die einen wie die anderen genießen große Popularität; denn das bayerische Volk ist »großherzig«. In seinem Herzen leben nicht nur Ehrenmänner, sondern auch Abenteurer und Gauner fort, wenn sie die Grundeigenschaften des bajuwarischen Wesens besitzen oder daran rühren: Das ist Frömmigkeit ebenso wie Freisinnigkeit, Lebensfreude, Trotz, Angriffslust, Eigensinn, Wagemut, Freiheitsliebe und Gerechtigkeitsempfinden.

In Bayern wird der sanfte, ins Heiligenverzeichnis der römisch-katholischen Kirche aufgenommene Kapuzinerbruder Konrad von Parzham mit dem antiklerikalen, wortgewaltigen Georg Eisenberger aus Ruhpolding beinahe in einem Atem genannt. In Bayern unterscheidet sich der autokratisch regierende Kurfürst Maximilian I. von dem mit visionärer Seherkraft begnadeten Vaganten und Viehhirten Mühlhiasl zwar durch die Insignien weltlicher Macht, aber nicht durch eine tiefe, vergeistigte Demut. In Bayern heilt der schwäbische Bauernpfarrer Sebastian Kneipp von Wörishofen unzählige Menschen und bringt sich der Regensburger Domprediger Maier durch sein Bekenntnis zur Menschlichkeit selbst an den Galgen. In Bayern trotzt der Kaminkehrermeister Franz Cura von Burghausen als tollkühner Partisanenhäuptling einer ganzen österreichischen Armee und hält Frater Michael vom Münchner Franziskanerkloster für seinen aus dem Land gejagten Souverän Max Emanuel den Haus- und Kronschatz im Wert von 14 Millionen Gulden unter eigener Lebensgefahr jahrzehntelang versteckt. Und in Bayern geschieht es, daß die von Zigeunern abstammende Kleinhäuslerin Amalie Hohenester das bäurische Heilbad Mariabrunn bei Dachau in ein Weltbad verwandelt, wo sich Kaiser, Könige und Großfürsten von ihr, der sogenannten Doktorbäuerin, kurieren lassen.

Das ist alles in Bayern möglich, aber noch viel anderes mehr. Wer dieses Land wirklich kennen will, muß auch die Existenz solcher Menschen zur Kenntnis nehmen, die um des Rechtes willen Unrecht begingen. Veit Stoß, der große Nürnberger Bildhauer der Renaissance, wurde zum gemeinen Urkundenfälscher, als ihn ein Kaufmann betrogen hatte und er sich durchaus im Recht fühlte, Betrug mit Betrug zu entgelten. So mußte er dulden, daß ihm der Henker beide Backen mit glühendem Eisen durchbrannte. Matthias Klostermayer, Schweinehirtensohn von Kissing, beanspruchte auch für sich das in seiner Zeit zum Privileg der Feudalherren gewordene Recht der Jagdfreiheit. Im leidenschaftlichen Kampf um dieses Recht tötete und raubte er. Sein gevierteilter Leib wurde zum furchtbaren Menetekel für alle, die seine Rechtsauffassung teilten. Wenig bekannt ist, daß die Haberfeldtreiber, die um die Jahrhundertwende massenweise als Landfriedensbrecher ins Zuchthaus mußten, ursprünglich als Hüter und Wahrer des Rechts gegen korrupte Standesjustiz aufgetreten waren.

Im bajuwarischen Menschen ist das Rechtsempfinden so stark entwickelt, daß er die Partei dessen ergreift, dem notorisch Unrecht geschieht. Von dieser Parteinahme halten ihn weder Übermacht noch brutale Gewalt auf. Nur so läßt sich erklären, daß gewisse Vorfälle in der bayerischen Geschichte unvergessen blieben und den vom Unrecht Betroffenen über Jahrhunderte hinweg die Liebe und Verehrung des Volkes sicherten. Agnes Bernauer, der Augsburger Bademagd, hätte niemand eine Träne nachgeweint, wäre sie als Giftmischerin zu Recht in die Donau gestoßen worden; aber daß sie, die rechtmäßige Gemahlin Herzog Albrechts, trotz ihrer Unschuld hingerichtet wurde, hat ihr Andenken verklärt. Nicht anders verhielt es sich im Fall König Ludwigs II. Das staatsstreichartige Vorgehen der Absetzungskommission in Hohenschwangau erbitterte das Volk gegen diese und brachte es auf die Seite des unglücklichen Monarchen. Ein übriges tat sein tragisches Ende im Starnberger See dazu, so daß er unter allen Wittelsbachern als einziger noch heute die legendenbildende Phantasie des Volkes beschäftigt. Aber sogar bei Verbrechern wie dem Wilddieb Jennerwein und dem Gendarmenmörder und Straßenräuber Kneißl reagierte das Rechtsgefühl des Volkes empfindlich darauf, daß der eine hinterrücks erschossen wurde und der andere die Schwächen der Staatsautorität bloßstellte. So gelangten beide zu dem merkwürdigen Nachruhm, der heute noch ihr Haupt mit unverdienter Gloriole umwebt.

Man wirft den Bayern öfters vor, sie übten Fremden und »Zuagroasten« gegenüber wenig Toleranz. Wie wenig das stimmt, beweist das Beispiel einiger Frauen und Männer, die hierzulande großen Einfluß errangen und nur deswegen scheiterten, weil sie den Bogen überspannten. Da tauchte Ende des 16. Jahrhunderts in Bayern der Venezianer Bragadino auf und gaukelte Herzog Wilhelm V. vor, er könne Gold machen und so den drohenden Staatsbankrott verhindern. Er lebte zuerst in Saus und Braus, bezahlte aber Wohlleben und Betrug auf dem Schrannenplatz in München mit dem Kopf.

Die Irin Lola Montez schwang sich durch ihre Schönheit

und das Raffinement ihrer Verführungskunst zur »Königin« des alternden Königs Ludwig I. auf. Nur ihre eigene Maßlosigkeit brachte sie zu Fall. Aber es gibt kaum einen Münchner, dem ihre verhängnisvolle Rolle in dem schicksalsreichen Jahr 1848 unbekannt wäre.

Der Berlinerin Adele Spitzeder gingen zahllose Geldanleger in München und Oberbayern auf den Leim, als sie ihnen nie dagewesene Zinsen versprach und eine Zeitlang auch auszahlte. Ihr gelang es, München in einen Goldrausch zu versetzen und zur gefeierten Heldin der Volksgunst zu werden. Auch nach dem Zusammenbruch ihrer »Dachauer Bank« blieb der Name Adeles in dem Gedächtnis der Münchner haften als derjenigen, die vielen zu einem kurzen, jedoch glücklichen Traum verholfen hatte.

Der Jülicher Baron Hallberg hinterließ eine ganz reale Spur seines Wirkens in Bayern. Nachdem König Max I. dem ruhelosen Abenteurer aus dem Rheinland das bayerische Heimatrecht verliehen hatte, bedankte sich dieser dadurch, daß er als erster daran ging, das Erdinger Moor trockenzulegen. Die von ihm gegründete Kolonie Hallbergmoos ist zur blühenden Gemeinde geworden, von den Verrücktheiten und Eulenspiegeleien des Barons sprechen heute nur mehr die wenigsten.

Ein schwerer Irrtum wäre andererseits die Annahme, der Bayer klebt so an seiner Scholle, daß er anderswo nicht existieren könne. Überall in der Welt gibt es Bayern, die durch ihre Tüchtigkeit und Tatkraft bekannt sind. Einige von ihnen haben in der Geschichte fremder Länder einen besonders ehrenvollen Platz inne. So feiern die Argentinier als ihren ersten Geschichtsschreiber den Straubinger Bürgerssohn Utz Schmidl, der als spanischer Konquistador ihr Land zwanzig Jahre lang durchquerte und darüber eine klassische Reisebeschreibung verfaßte.

Vom Viechtacher Bruch- und Steinschneider Eisenbarth steht in Hannoversch Münden ein Grabstein, dessen Inschrift ihn als Königlich Großbritannischen und Kurfürstlich Braunschweigischen Privilegierten Landarzt wie auch Königlich Preußischen Rat und Hofokulisten ausweist. Eisenbarths Ansehen in der Fremde war demnach viel größer als in der oberpfälzischen Heimat, wo ihn viele einen Scharlatan nannten.

Ebenfalls aus dem Bayerischen Wald stammt der spanische Oberst Joseph Kaspar Thürriegel, der im 18. Jahnhundert eine bayerische Auswanderung großen Stils durchführte und in der andalusischen Sierra Morena eine blühende Kolonie aus dem Boden stampfte. Dafür wurde ihm der Titel Vizekönig zuteil.

Nicht weniger berühmt als er war der Chamer Bierbrauerssohn Nikolaus Luckner. Er brachte es im Lauf seines abenteuerlichen Lebens zum französischen Marschall. Der Pionieroffizier Rouget de Lisle widmete ihm die Marseillaise.

Töricht wäre es, anzunehmen, daß es nur in Bayern eine Elite von faszinierenden Persönlichkeiten gibt. Jedes Volk und jeder Volksstamm bringt Männer und Frauen hervor, die Außerordentliches leisten und bedeuten. Doch haben die Bayern wahrlich keinen Grund, ihr Licht unter den Scheffel zu stellen. Darum habe ich die bayerischen Porträts geschrieben. Sie sollen ein lebendiges, unmittelbares und wahrhaftes Bild von Menschen vermitteln, in denen sich das Schicksal des Landes zwischen Arber und Wetterstein verkörpert. Wie verschieden auch die Charaktere der einzelnen und wie völlig ungleich ihr Leben verlief, eines haben sie alle gemeinsam: Sie wurzeln in schwerem, geschichtsträchtigem Boden, den Gott mit reicher Ernte gesegnet hat.

Agnes Bernauer

Die Baderstochter und der Herzog

Wie ein Traumwandler verließ Albrecht die Bernauerische Badestube in Augsburg. Die Bademagd Agnes Bernauer, die ihrem Vater zur Hand ging, hatte den dreißigjährigen Sohn des zu München residierenden Herzogs Ernst mit dem Liebreiz ihrer Schönheit bezaubert und verwirrt. Nie war Albrecht einer Frau begegnet, die ihn derart faszinierte. Dem jungen Herzog sagte man nach, daß er seine Geliebten schneller wechselte als seine Hemden, und es war noch nicht lang her, daß er seine Mätresse Margarete von Waldeck kurzerhand mit seinem Hofmeister Jan von Sedlitz verheiratet hatte, nur um sie sich vom Hals zu schaffen. 600 ungarische Gulden als Mitgift war ihm der Spaß wert gewesen, doch vor diesem Mädchen aus dem Volk fühlte er eine seltsame Scheu. Er, der nie lang um Weibergunst gebuhlt, sondern sie stets im Sturm erobert hatte, spürte zum erstenmal in seinem Leben, was es hieß, eine Frau aufrichtig lieben.

Als einziger Sohn des regierenden Herzogs von Bayern-München war er für viele europäische Fürstenhöfe beliebter Gegenstand von Heiratsspekulationen, doch die Augsburger Bademagd hätte Albrecht mit keiner noch so reichen und illustren Prinzessin getauscht. Agnes mutete er auch nicht zu, sich ihm als flüchtige Geliebte hinzugeben. Als Beweis dafür, wie sehr er sie liebte, bewog er einen ihm nahestehenden Priester, ihn mit Agnes zu trauen.

Der Herzog und die Baderstochter waren nunmehr heimlich Vermählte. Damit nahm das Verhängnis für Agnes Bernauer seinen Lauf. Nicht daß Herzog Ernst seinem Sohn die Verbindung mit einer schönen Frau mißgönnt hätte. Ernst war kein Kostverächter, liefen doch von ihm und einer Bürgerlichen, Anna Winzer, vier uneheliche Kinder herum. Aber eine Bürgerliche zu heiraten, statt sich mit ihr nur ins Bett zu legen, galt für einen Fürsten in der damaligen Zeit als etwas Unerhörtes. Eine Geliebte von niedrigster Abstammung hätte der Herzog ohne weiteres hingenommen, als Schwiegertochter aber durchkreuzte Agnes seine dynastischen Pläne und rüttelte, wie er meinte, an den Säulen des Hauses Wittelsbach.

Dieses Fürstengeschlecht war untereinander uneinig. 1392 hatte es das Stammland in drei Herrschaften aufgeteilt, die von München, Ingolstadt und Landshut. Die Münchner Herzöge regierten über Oberbayern, das nördlich von der Linie Mering–München–Beyharting begrenzt war, aber auch den zwischen Scheyern–Riedenburg–Eggmühl–Regenstauf–Furth im Wald–Deggendorf liegenden Landesteil umfaßte. Die Landshuter Herzöge beherrschten den größten Teil des heutigen Niederbayern samt dem jetzt österreichischen Innviertel. Die Ingolstädter Herzöge waren die Herren über das Landdreieck Wemding–Friedberg–Ingolstadt und außerdem über die Bezirke um Ebersberg, Wasserburg, Kufstein, Rattenberg und Kitzbühel. Das ehemalige Herzogtum Straubing hatten die drei Familien untereinander aufgeteilt. Den Münchner Teil mit der Stadt Straubing selbst regierte der junge Albrecht, nachdem er von seiner Mutter schon die Herrschaften von Vohburg, Pfaffenhofen, Geisenfeld und Hohenwart geerbt hatte. Die bayerischen Herzöge waren wohl Brüder, blieben sich aber trotz aller Freundschaftsbeteuerungen feindlich gesonnen. In Wirklichkeit lauerten sie nur darauf, das Erbe der anderen an sich zu reißen. Gelegentlich schreckten sie auch nicht davor zurück, sengend und brennend in das Land ihrer Nachbarn einzufallen.

Da Herzog Ernst befürchtete, die unstandesgemäße Heirat seines Sohnes könnte für die lieben Nachbarn einmal der willkommene Anlaß dafür sein, daß sie das Herzogtum Bayern-München kassierten, ließ er kein Mittel unversucht, die Trennung Albrechts von Agnes herbeizuführen. Er probierte es zuerst im guten und umsorgte seinen Sohn mit väterlicher Zärtlichkeit, doch Albrecht reagierte nicht darauf, sondern zog mit seiner Agnes von einem Schloß aufs andere, wo sie ohne Scheu als rechtmäßige Herzogin auftrat. Als Albrecht nun gar in der Nähe des herzoglichen Jagdschlosses Blutenburg am 8. Januar 1433 für Agnes Hube und Hofstatt von Niedermenzing kaufte und damit das Verbot des alten Herzogs umging, das der unerwünschten Schwiegertochter den Zutritt zu den eigenen Schlössern verwehrte, schlug er dem Faß den Boden aus.

Beatrix, die Schwester Albrechts und Gemahlin des Pfalzgrafen von Amberg, machte ihrem Bruder bittere Vorwürfe wegen der verhaßten Schwägerin, die sich, wie Beatrix kritisierte, in München wie eine Fürstin von Geblüt aufspielte und noch dazu in hochschwangerem Zustand. Aber nichts, keine Schelte und keine Bitte sowohl des Vaters als auch der Schwester vermochten, daß Albrecht die Baderstochter entließ.

So kam es zu dem öffentlichen Skandal auf dem Regensburger Ritterturnier am 23. November 1434. Albrecht hatte vor, sich an diesem zu beteiligen, wurde aber vor den Turnierschranken zurückgewiesen und sogar mit Stecken geschlagen, weil er mit seiner bürgerlichen Geliebten wie mit einer rechtmäßigen Gemahlin zusammenlebte. Die heimliche Trauung scheint den Turnierrichtern unbekannt geblieben zu sein. Jedenfalls war die Schande groß für den Sohn des mächtigen Herzogs von Bayern-München. Der Ehre, sich mit seinesgleichen in ritterlichem Wettkampf zu messen, war er für unwürdig gehalten worden, er, der Tisch und Bett mit einer »Badehure« teilte. Mit dem Landesherrn empörten sich auch seine Landeskinder, vor allem die Münchner Spießbürger über die »ausgschamte« Augsburgerin, die es gewagt hatte, ihre Hand nach einer Herzogskrone auszustrecken, anstatt mit Badebürste und Seife zu hantieren. Albrecht, so schimpften sie, sei von allen guten Geistern verlassen gewesen, als er zu seinem Amtssiegel den Rumpf eines nackten Weibes wählte, das mit beiden Händen lange, am Helmschmuck befestigte Ketten hielt. So weit habe ihn seine Liebeshexe gebracht, daß er selbst jede Scham verlor. Die Zeichen in München und Straubing standen auf Sturm.

Trotz aller Anfeindungen durch die nächsten Verwandten und die von ihnen aufgehetzte Bürgerschaft lebte Albrecht einträchtig mit Agnes zusammen. Er wußte natürlich, welche Genugtuung es für seinen Vater gewesen wäre, hätte er mit der Augsburgerin Schluß gemacht. Aber eine knappe Jahresfrist nach der Regensburger Turnieraffäre zog Herzog Ernst selbst den Schlußstrich unter das Kapitel Agnes Bernauer. Albrecht ahnte es nicht.

Am 6. Oktober 1435 lud ihn sein Landshuter Oheim Herzog Heinrich zur Hirsch- und Wildschweinjagd in Isaregg ein. Albrecht hielt sich soeben, diesmal ohne Agnes, auf Schloß Vohburg auf und wollte am 16. Oktober zu einer Trauerfeier für den am 13. September verstorbenen Herzog Wilhelm, einen Bruder seines Vaters, in Straubing zurück sein. Zwischen Albrecht und dem Landshuter herrschte nicht gerade dicke Freundschaft, aber als leidenschaftlicher Jäger fand sich der Eingeladene am 13. Oktober in Landshut ein. Einen Tag vorher hatte man seine geliebte Agnes in Straubing grausam hingerichtet.

So war er seinem Vater in die Falle gegangen. Noch während er von Vohburg gen Landshut ritt, hatte Herzog Ernst in Straubing das Hofgericht unter Vorsitz des Erbhofmeisters Hans von Degenberg zusammentreten lassen. Ein Dutzend willfähriger Räte fällte jenes Urteil, das Herzog Ernst von ihnen forderte: Tod durch Ertränken. Ebenso absurd wie lächerlich lautete die Anklage gegen Agnes auf versuchten Giftmord an ihrem Gatten und des toten Wilhelms Sohn Adolf. Die Beschuldigte hätte sich durch ihr Verbrechen in den Besitz eines reichen Erbes setzen wollen, folgerten die Räte aus unerwiesenen Verdachtsgründen. Agnes weigerte sich mit Recht, die Straubinger Räte als ihre Richter anzuerkennen, da sie als rechtmäßige Gattin Albrechts selbst Herzogin war und von einem solchen Gericht nicht auf haltlose Verdächtigungen hin verurteilt werden konnte.

Schon einmal hatte es in der Geschichte des Hauses Witelsbach einen ähnlichen Justizmord gegeben, als Herzog Ludwig der Strenge seine Gemahlin in krankhafter, völlig unbegründeter Eifersucht Anno 1256 hinrichten ließ. Ludwig hatte seine Untat mit dem Bau der Kirchen von Weng, Inhausen und Hohenkammer gesühnt. Noch sträflicher handelte jetzt Herzog Ernst, da er doch ganz genau wußte, daß an der Anklage kein wahres Wort war. Er konnte sich nicht einmal auf die Staatsräson hinausreden, höchstens auf blanken Egoismus. Dabei schreckte er vor keiner Barbarei zurück. Der Henker stieß die Unglückliche von der Donaubrücke ins Wasser hinab, nachdem sie an Händen und Füßen gefesselt worden war. Ihr gelang es, die Fessel von dem einen Bein zu lösen und mit letzter Kraft uferwärts zu schwimmen. Noch einige Zeit hielt sie sich über dem Wasser, doch der Henker wickelte um eine Stange die langen goldenen Flechten ihres Haares und stieß die kläglich um Hilfe Rufende ins Wasser zurück. Ein Stück unterhalb der Brücke, am Kirchlein zu St. Peter, wurde der Leichnam ans Ufer geschwemmt. Herzog Ernst durfte von sich in pharisäerhafter Unschuld sagen, er habe keinen Tropfen Blut vergossen.

In Landshut erhielt Albrecht Kunde von dem schrecklichen Geschehen. In wildem Schmerz eilte er nach Ingolstadt, wo Herzog Ludwig, ein alter verbissener Gegner seines Vaters, regierte. Botschafter der Stadt München und des Herzogs Ernst, die zwischen ihm und seinem Vater vermitteln wollten, ließ Albrecht gar nicht vor. Eine gewisse Zeit schien es, als plane er zusammen mit dem Ingolstädter einen Rachefeldzug gegen seinen eigenen Vater und den Landshuter Oheim. Da schickte Herzog Ernst seinen Beamten Friedrich Aichstätter zu dem in Ungarn weilenden Kaiser Sigismund. Er ließ seinen Straubinger Justizmord durch Aichstätter rechtfertigen und wies im besonderen darauf hin, sein Sohn sei mit einem bösen Weib verheiratet gewesen, das ihn unglücklich gemacht habe. Nie sei er in dieser Zeit lachend gesehen worden. Insofern hatte Ernst recht. Albrecht besaß wirklich keinen Grund zum Lachen, wenn er sah, wie Agnes von seiner Familie mit giftigem Haß verfolgt wurde. Auch das Märchen von dem geplanten Giftmord an Albrecht und Prinz Adolf tischte Aichstätter dem Kaiser auf. Nun möge der Kaiser das Anliegen Ernsts unterstützen, seinen Sohn wieder zu Gehorsam und Kindesliebe anhalten.

Tatsächlich kam es bald zur Aussöhnung zwischen Vater und Sohn. Am 12. Dezember 1435 stiftete Albrecht eine »ewige Messe« für das Seelenheil von Agnes. Sein Vater besiegelte diesen Stiftungsbrief und baute zum Andenken an die Tote eine Kapelle auf dem Kirchhof zu St. Peter in Straubing. Und schon am 6. November 1436 feierte Albrecht die vom Vater gewünschte standesgemäße Vermählung mit Anna, Tochter des Herzogs Erich von Braunschweig. Heiratsbrief und Urkunden über die Morgengabe wurden allerdings erst am Agnestag, am 21. Januar 1437, ausgefertigt. So hatte es die Albrecht angetraute Braunschweigerin von Anfang an schwer. Ihre Flitterwochen wurden überschattet vom Gedenken an eine Tote, die Albrecht wohl mehr geliebt hatte als sie selbst.

Später wurde Agnes ein zweifelhafter Trost beschieden. Albrecht stürzte sich in seiner gutmütigen, leichtlebigen Art wieder in die alten Vergnügungen an der Seite schöner Frauen. Das Andenken an die Tote verblaßte immer mehr. Als er 1460 starb, war eine Münchner Kürschnermeistersfrau seine Favoritin. Diese stand bei ihren Mitbürgern in so schlechtem Ruf, daß Anna von Braunschweig grollte, sie könne nicht in einer Stadt zusammen mit jener Frauensperson leben, die soviel Ärgernis gegeben habe.

Meister Veit Stoß

Der Gebrandmarkte

Ein eiskalter Ostwind fegte über den Richtplatz von Nürnberg. Diesen umsäumte trotzdem eine große Menschenmenge. Das bevorstehende Schauspiel wollten sich die Bürger nicht auskommen lassen. Meister Veit Stoß, der in Polen als Bildschnitzer, Kupferstecher und Maler nicht nur zu höchsten Ehren, sondern auch zu Reichtum gelangt war und von dem ein prächtiges Bildwerk in der Sebaldkirche stammte, mit Szenen aus der Leidensgeschichte Christi, den führte der Henker aufs Schandgerüst, um an ihm die von den Stadtvätern verhängte Leibesstrafe zu vollziehen. Mit glühenden Eisen brannte er ihn durch beide Backen. Kein Schrei entrang sich den Lippen des 56jährigen Meisters.

Nur seine Augen schloß er in unsäglichem Schmerz. Und leise wiederholte er die Eidesformel, die ihm der Profoß vorsprach, daß er Zeit seines Lebens die Stadt Nürnberg nicht mehr ohne Erlaubnis des Rates verlassen werde. Das war im Advent des Jahres 1503. Für Meister Veit brach eine Welt zusammen.

Und doch hatte ihn der Rat zur mildesten Leibesstrafe verurteilt, die in einem solchen Fall möglich war. Eigentlich hätte er nach den bestehenden Gesetzen den Galgen verdient. Und nur weil der Würzburger Bischof Lorenz von Bibra mit dem Ritter Betz von Romrodt Fürsprache für den vom Tod Bedrohten einlegte, blieb er am Leben. Er hatte eine Urkundenfälschung begangen und eingestanden. Deswegen war er am 16. November ins Gefängnis geworfen worden. Und jetzt war er gebrandmarkt für immer. Zwar verband ihn der Bader noch im Gefängnis und heilte ihn für den geringen Lohn von sechzig Pfennig, doch seine Ehre blieb geschändet. Als Veit Stoß vom Gefängnis zurückkam, verließen seine Gehilfen augenblicklich das Haus. Die Kirchenbehörden, bisher seine großzügigsten Auftraggeber, wollten von seiner Arbeit nichts mehr wissen, und wenn er sich in den Straßen Nürnbergs blicken ließ, zeigten die Gassenbuben mit dem Finger auf den Gebrandmarkten. Dabei war er doch, als er die Fälschung beging, des guten Glaubens gewesen, er handle im Recht.

Meister Veit, der nach zwanzigjährigem Aufenthalt im Ausland wieder heimatlichen Boden betreten hatte, konnte sich zuerst nicht über mangelnden Erfolg in der Vaterstadt beklagen. In seiner Werkstatt arbeiteten mehrere Gesellen. Er verkaufte die dort entstandenen Werke ebenso in Nürnberg wie auf den Messen in Nördlingen, Frankfurt und Leipzig. Arbeiten aus seiner Werkstatt erzielten so hohe

Preise, daß der Meister in der Absicht, das Geld nutzbringend anzulegen, sich auf gewagte Handelsgeschäfte einließ, von denen er nicht das geringste verstand. So steckte er unter anderem 1000 Gulden auf Gewinn und Verlust in das Unternehmen des Kaufmanns Jakob Baner in der Gilgengasse. Tatsächlich kam er dadurch in verhältnismäßig kurzer Zeit zu einem Gewinn von 300 Gulden. Doch Baner knöpfte ihm diesen bald auf übelste Weise ab. Er überredete Veit Stoß zur Zurücknahme seines Darlehens und zur Anlage desselben in einer Handelsgesellschaft, an deren Spitze der Kaufmann Hans Starzedel stand. Daß dieser nicht nur Schuldner Baners war, sondern auch unmittelbar vor dem Bankrott stand, wußte Stoß nicht und ging prompt in die Falle. Starzedel machte Bankrott. Dann hielt sich Baner schadlos an der Geldeinlage von Meister Veit.

Sich schändlich betrogen fühlend, sann dieser auf Selbsthilfe. Dazu wurde er noch bewogen durch den Rat seines Beichtvaters, der es für keine Sünde hielt, einen Betrüger wiederum zu betrügen. Der meisterhafte Kupferstecher fälschte einen Schuldschein über 1120 Gulden auf so perfekte Art, daß Baner nicht sicher war, einen solchen Schuldschein nicht doch selbst ausgestellt zu haben. Aber er verweigerte die Rückzahlung der Summe. Veit Stoß legte daraufhin den gefälschten Schuldschein beim Stadtgericht vor.

Bald gingen Gerüchte in der Stadt um, Veit Stoß sei ein Urkundenfälscher. Dieser fühlte sich nicht mehr wohl in seiner Haut und suchte Asyl im Karmelitenkloster, in dem sein ältester Sohn Andreas Konventsmitglied war. Dadurch verriet er sich. Als er noch dazu von wohlmeinenden Freunden schlecht beraten wurde, schloß er mit Baner einen Geheimvertrag, demzufolge er die Fälschung zugab und versprach, seine Forderung zurückzuziehen. So lieferte er sich selbst ans Messer. Sein unversöhnlicher Feind verdeckte den eigenen Betrug damit, daß er den Geheimvertrag bekanntmachte.

Veit Stoß aber, in der Annahme, ihm könne nun nichts mehr passieren, verließ das Kloster und promenierte sorglos durch Nürnbergs Gassen. Dabei griffen ihn die Häscher auf. So geschah es, daß der wirkliche Betrüger den geprellten Meister vor den Gerichtsschranken als »Betrüger« entlarvte. Veits Beteuerungen, er habe sich nur in den Besitz des ihm von Baner herausgelockten Geldes setzen wollen, und dazu habe ihm sogar sein Beichtvater geraten, fruchteten nichts. Gegen ihn sprach die gefälschte Handschrift Baners und dessen in Wachs nachgebildetes Siegel. Auf ein solches Delikt stand in Nürnberg die Todesstrafe.

Und so kam es, wie es kommen mußte: Der gebrandmarkte Künstler wurde zum Paria der Nürnberger Gesellschaft. Als auch noch sein Widersacher Baner einen neuen Prozeß gegen ihn anstrengte und auf Wiedergutmachung des Schadens klagte, der ihm durch den betrügerischen Schuldschein entstanden war, verlor Veit Stoß gänzlich den Mut. Am Tag der Verhandlung verließ er den Gerichtssaal bereits vor der Verkündung des Urteils. »Ich will kein Urteil hören«, klagte er, »denn ich bin schon verurteilt.« Tatsächlich entschied das Gericht, daß er Baner 800 Gulden Schadenersatz zu entrichten habe. Seine Erbitterung stieg aufs höchste. So beschloß er, die Vaterstadt heimlich zu verlassen, obwohl er doch geschworen hatte, zu bleiben.

Einige Freunde rieten ihm zur Rückkehr nach Polen, dem Land seiner künstlerischen Triumphe. Aber als er in Krakau den 13 Meter hohen Altar der dortigen Marienkirche und damit eines der Hauptwerke seines Lebens geschaffen hatte, stand er im Zenit seines Ruhms und noch dazu in voller Schaffenskraft. Er wurde damals durch Aufnahme in die Krakauer Künstlerzunft geehrt, erhielt das Krakauer Bürgerrecht verliehen und erfreute sich völliger Steuerfreiheit. Man überhäufte ihn mit Aufträgen. Die Witwe des verstorbenen Königs Kasimir Jagiello bestellte bei ihm eine Reliefplatte aus Marmor für das Königsgrab in der Heiligkreuzkapelle auf dem Wawel. Dem folgte ein Grabmal des Erzbischofs Sbigneus Olesnicki und hierauf das Rotmarmordenkmal des Bischofs Peter Bnina in der Kathedrale zu Wloclawek. Veit Stoß hätte tausend Hände haben müssen, um alles das zu schaffen, was der hohe Klerus und der Adel des Landes von ihm erwerben wollten. Schon in jener Zeit galten seine Kupferstiche als die schönsten ihrer Art.

Und jetzt sollte er an die Stätte seines frühen Ruhmes mit dem eingebrannten Schandmal auf den Backen zurückkehren? Das brachte Veit Stoß nicht übers Herz. Ebensowenig hielt es ihn auf dem Golgatha seiner tiefsten Schmach. Er brach den vor Gericht geleisteten Schwur und floh nach Münnerstadt zu seinem Schwiegersohn Jörg Trummer.

In Münnerstadt befreite er sich von dem furchtbaren Druck, der auf ihm lastete. Die Arbeit am Tilman-Riemenschneider-Altar ließ ihn wieder hoffen. Er hatte den Altar zu bemalen und zu vergolden, was ihm meisterhaft gelang. Als die Arbeiten am Altar zu Ende gingen, richtete er an den Nürnberger Rat ein Gesuch, dieser möge ihm freies Geleit für die Heimkehr gewähren. Der Rat lehnte schroff ab, weil er den Eid gebrochen habe. Daraufhin stellte der rauflustige Schwiegersohn dem Urheber alles Unheils, dem Handelsmann Baner, einen regelrechten Fehdebrief zu und überfiel sogar einen wandernden Nürnberger Gesellen, weshalb er von Kaiser Maximilian in Acht und Bann getan wurde.

So verschlimmerte sich die Lage für den Schwiegervater

zusehends. Ein neues Gesuch um die Wiederaufnahme als Nürnberger Bürger mußte Veit Stoß mit vier Wochen Haft als Strafe für seinen Eidbruch bezahlen und den Eid hatte er aufs neue abzulegen, doch war er dann wenigstens wieder zu Hause bei Weib und Kind, die er über alles liebte. Jetzt erst konnte er voll überblicken, was ihn der Strauß mit Baner gekostet hatte: 4000 Gulden, fast sein ganzes Vermögen, waren verloren. Und die ewigen Zwistigkeiten mit dem Nürnberger Rat wollten nicht abreißen. Der Zwang, den dieser auf ihn ausübte, machte ihn rasend. Veit Stoß drohte dem Rat mit einer Klage vor dem Kaiser. Er mußte deswegen neuerdings ins Gefängnis, wo er freilich schnell ernüchtert wurde.

Nun versuchte er es im guten. Er legte der Stadt einen kaiserlichen Rehabilitationsbrief vor. Auch das half ihm wenig; denn der Rat ließ den Brief nicht öffentlich aushängen, konnte es allerdings auch nicht verhindern, daß Stoß vom Kaiser zur Audienz nach Ulm gerufen wurde. Maximilian, der das Genie des von seinen Leidenschaften verzehrten Meisters erkannte, gab ihm neue Aufträge und kam selbst im Jahre 1512 nach Nürnberg, wo er ihn huldvoll empfing und so vor aller Welt rehabilitierte. Der Bann war gebrochen. Wenn der Kaiser einem Gebrandmarkten die Hand gab, wollten die ehrsamen Bürger und Patrizier auch nicht zurückstehen. Der Probst von St. Lorenz bestellte bei Stoß eine Steinfigur des hl. Paulus und der Patrizier Anton Tucher schenkte durch seinen Auftrag des »Englischen Grußes« nicht nur der Lorenzkirche, sondern der ganzen Menschheit ein Kunstwerk, das heute noch die höchste Bewunderung erweckt. Jetzt traten wieder Gesellen in Meister Veits Werkstatt ein, und niemand vermied mehr die Gesellschaft des Gebrandmarkten.

Veit Stoß hätte also mit seinem Dasein wohl zufrieden sein

können, sein Ansehen war wiederhergestellt und von dem Ertrag seiner Arbeit konnte er gut leben. Er nahm jedoch seinen Windmühlenkampf gegen die betrügerischen Krämer wieder auf, als er erfuhr, daß sein Schuldner Starzedel im Schlesischen erfolgreich ein Bergwerk betrieb. Starzedel verstand es neuerdings, Stoß zu betrügen und ihn auf zwei Nürnberger Gläubiger zu hetzen, mit denen er sich vergeblich auseinandersetzte. In diesem neuen Rechtsstreit verlor der Künstler völlig die Nerven und ließ sich zu hemmungslosen Drohungen und Beleidigungen hinreißen. Wiederum mußte ihm der Rat mit dem Turmgefängnis drohen. Stoß wollte es einfach nicht wahrhaben, daß ihm Krämerseelen in Geldangelegenheiten überlegen waren und er dabei den kürzeren ziehen mußte.
Noch dazu erlebte er mit seiner letzten großen Arbeit eine riesige Enttäuschung. Der vom Karmelitenkloster bei ihm bestellte Flügelaltar für St. Salvator wurde ihm nicht mehr abgenommen, weil der Prior, sein eigener Sohn Andreas, als Führer der reformationsfeindlichen Partei die Stadt verlassen mußte. Erst zehn Jahre nach dem Tod des Meisters erwarb das Bamberger Karmelitenkloster das geniale Werk. Es steht heute in der oberen Pfarrkirche zu Bamberg.

Mitten in den Prozeßstreitigkeiten starb Veits Frau Christine. Sie war sein ganzer Halt und Trost gewesen. Um ihn wurde es einsam. Das einzige, was ihn noch aufrecht hielt, die Arbeit, mußte er aus der Hand legen, als sein Augenlicht erlosch. Nur seine Enkelin Ursula und sein Sohn Willibald waren zuletzt um den Blinden. Sie hatten es nicht zu bereuen: Veit Stoß hinterließ 747 Gulden in Gold, 5760 Gulden in Silber und 636 Gulden an Hausrat und Silbergeschirr sowie ein stattliches Wohnhaus in der Prechtelgasse.

Heute rühmt sich die Stadt Nürnberg ihres großen Sohnes, den sie in den Kerker geworfen, öffentlich an den Pranger gestellt und gebrandmarkt hatte. Wer möchte es den damaligen Ratsherren und Bürgern allerdings verargen, daß sie die Geduld verloren mit einem Mann, der sich ein Leben lang herumschlug mit Finanzgaunern, ohne zu begreifen, wie groß die Kluft ist zwischen recht haben und recht bekommen?!

Utz Schmidl

Konquistador in Argentinien

Am 27. Oktober 1961 hatte die niederbayerische Stadt Straubing einen großen Tag. Oberbürgermeister Stiefvater begrüßte im Rathaussaal die internationalen Gäste, die sich eingefunden hatten, um einem Festakt zu Ehren Utz Schmidls beizuwohnen. Dieser stammte aus einer reichen Straubinger Patrizierfamilie und schloß sich 1534 spanischen Konquistadoren an, die unter Führung Don Pedro Mendozas einen Feldzug in das sagenhafte Goldland westlich des Rio de la Plata unternahmen. Unter den 2500 Spaniern befanden sich auch 150 Deutsche und Niederländer.

Utz Schmidl war Sohn des Bürgermeisters Wolfgang Schmidl. Welches Ansehen die Familie Schmidl in Straubing genoß, erhellt daraus, daß zur Zeit des Aufbruchs der Expedition Wolfgangs Sohn Thomas als Bürgermeister amtierte, nachdem der Vater schon 1511 gestorben war. Was Utz Schmidl bewog, an der Expedition teilzunehmen, wissen wir nicht, wahrscheinlich gab jugendliche Abenteuerlust den Ausschlag, aber auch humanistischer Forschungseifer. Das erkennen wir aus den Aufzeichnungen, die Utz während seines zwanzigjährigen Aufenthaltes in der Neuen Welt gemacht hat. 1567 erschienen diese Notizen zusammengefaßt als Buch in Frankfurt unter dem Titel: »Wahrhaftige und liebliche Beschreibung etlicher fürnehmer indianischer Landschaften und Inseln, die vormals in keiner Chronik gedacht und erstlich in der Schiffahrt Ulrici Schmidls von Straubingen mit großer Gefahr erkundigt und von ihm selbst aufs fleißigste beschrieben und dargetan.« Schmidls Buch betrachten die Argentinier als das erste fundamentale Geschichtswerk ihres Landes. Die Regierung der Republik Argentinien beschloß 1961, ihm eine Gedenktafel im Rathaus seiner Heimatstadt zu setzen. Die Inschrift der Tafel lautet:

»La República Argentina a su primer historiador Ulrico Schmidl (Die Republik Argentinien ihrem ersten Geschichtsschreiber Ulrich Schmidl)«. Doch, um mit dem Jargon unserer Tage zu sprechen, hat sich Schmidl der Expedition Mendozas nicht etwa als wissenschaftlicher Berater angeschlossen, sondern als handfester Landsknecht. Sein Bild im Straubinger Rathaus zeigt ihn bis auf die Zähne bewaffnet und gewappnet. Daß er neben Lanze und Schwert in seinen Mußestunden auch die Feder geführt hat, ist diesem geharnischten Waffenträger nicht anzusehen. Man könnte Utz Schmidl am ehesten mit einem Kriegsberichter unserer Zeit vergleichen, nur mit dem Unterschied, daß er stets vorne im Kampfgewühl und nicht wie dieser meistens in der Befehlsetappe zu finden war. Von ihm stammt ein plastischer Bericht über die Gründung der Stadt Buenos Aires, an der er selbst teilgenommen hat:

»Drauf sind wir von dannen (er meint Rio de Janeiro) geschifft nach Rio de la Plata und in ein fließend Süßwasser gekommen, genannt der große Paraná; der ist an der Lukken, wo er ins Meer einfließt, zweiundvierzig Meilen breit. Dort haben wir einen indianischen Landflecken gefunden mit ungefähr zweitausend Mannsbildern, den Charruas-Indianer. Sie haben, als wir ankamen, ihre Hütten verlassen und sich auf die Flucht begeben mit Weib und Kind, so daß wir sie nimmer auffinden kunnten. Nun kommandierte der Obrist Don Pedro Mendoza, daß man unser eigenes Volk auf die andere Seite des Wassers führen sollte, allda der große Paraná nit breiter ist denn acht Meilen. Dort haben wir eine Stadt gebaut, die hat geheißen Buenos Aires, das ist auf deutsch Guter Wind.

Im Lager teilt man das Volk auseinander, was zum Krieg taugte und was zur Arbeit, dahin war jedes gestellt. Und man baute eine irdene Mauer, eine halbe Spießlänge hoch, um die Stadt und in der Stadt ein festes Haus für unseren Obrist. Die Stadtmauer war drei Schuh breit, aber was man heute baute, das fiel morgen wieder ein. Unser Volk hatte nichts mehr zu essen und starb vor Hunger, so große Armut folgte nun. Auch kam dazu, daß die Pferde nit kleckten und langten. Es verlängerte sich Not und der Jammer des Hungers so, daß weder Ratzen noch Mäus noch Schlangen noch andere Ungeziefer vorhanden war zur Ersättigung des großen gottesjämmerlichen Hungers und die unaussprechliche Armut kein Ende nahm, auch Schuh und Leder, alles ward aufgegessen. So begab es sich, daß drei Spanier ein Roß entführten aus dem Lager und heimlich aufgefressen haben. Als man's inne wurd, sind sie gefangen und unter schwerer Pein gefragt worden, damit sie solches offen bekannten. Alsdann wurden sie zum Galgen geführt, auf dem man alle drei aufhängte. Nachts sind andere Spanier zu den drei Gehenkten gekommen und haben ihnen die Schenkel abgehauen und Fleischstück daraus geschnitten zur Ersättigung ihres Hungers. Item aß ein Spanier seinen eigenen Bruder auf, der gestorben war in der Stadt Buenos Aires.«

Dies geschah ein Jahr nach dem Aufbruch der Expedition aus Europa. Hätte Utz Schmidl damals geahnt, daß solche Ereignisse nur der Anfang einer zwei Jahrzehnte währenden Not und Bedrängnis sein sollten, wäre er vielleicht versucht gewesen umzukehren. Doch es gab kein Zurück für die waghalsigen Konquistadoren. Mit vierzehn Schiffen und zweiundsiebzig Pferden waren sie über den Ozean gekommen. Die Schiffe besaßen sie noch, die Pferde waren schon verendet oder von ihren hungrigen Reitern geschlachtet und verzehrt. Und das Goldland lag vor ihnen unentdeckt und der Blick in die Zukunft war verhüllt. Darum blieben Utz Schmidl und seine Kameraden in dem Land, in dem sie auf Reichtum hofften. Aber schon die erste Stadtgründung, die von Buenos Aires, hätte sie eines Besseren belehren müssen. Wenn sie glaubten, die Ureinwohner des Landes, die Indianer, in einem einzigen Siegeslauf über den Haufen zu rennen, so täuschten sie sich. 13 000 Carendies, Zechurias, Zechuas und Tiembus griffen die neugegründete Siedlung an, schossen mit feurigen Pfeilen auf die strohgedeckten Häuser und brannten die Stadt in Grund und Boden nieder. Vier große spanische Schiffe verbrannten, und erst, als die Geschütze der anderen Schiffe auf die Indianer schossen, zogen diese ab.

Auch weiterhin sollten Kampf und Drangsal das Leben der Konquistadoren beherrschen. Sie gründeten Städte wie Corpus Christi, so genannt nach dem Fronleichnamsfest 1536, an dem die ersten Häuser der Stadt entstanden; Asunción, weil am Tag von Mariä Himmelfahrt die Carios ihren Hauptflecken Lambere den Spaniern übergaben, und Ferdinandsberg, Monte de San Fernando, auf einem Hügel, der nach den Worten Schmidls dem Bogenberg gleich sieht. Und nicht genug damit, zogen die Konquistadoren zehntausend Kilometer kreuz und quer durch weglose Sümpfe, ausgebrannte Salzwüsten und wasserüberflutete Urwälder, um sich das Land gänzlich zu unterwerfen. Mit der Urbevölkerung verfuhren sie nicht gerade human. Utz Schmidl legt Zeugnis davon ab, wenn er schreibt: »Wir haben der Mapenis-Indianer viel mit Büchsen erlegt. Sie ließen uns gewähren; denn sie hatten noch nie eine Büchse noch einen Christen gesehen.«

Und an einer anderen Stelle: »Als wir uns den Carios-Indianern näherten, ließen wir unser Geschütz gegen sie abgehen, so daß sie es hörten und sahen, wie ihr Volk zu Erden fiel und doch keine Kugel noch Pfeil, nur ein Loch im Leib hatten. Sie flohen alsdann sämtlich und fielen übereinander wie die Hunde.«

Und später: »Also überfielen wir die Aigais unversehens in ihren Häusern, da sie noch schliefen, morgens zwischen drei und vier Uhr. Da schlugen wir jung und alt zu Tod.« Von einer Belagerung der Achkeres berichtet Schmidl: »So lagen wir vor ihnen bis zum vierten Tag, bis wir obsiegten und drei Stund vor Tag in den Flecken einfielen. Und erschlugen alles, was wir fanden.«

Der Weg zu Macht und Reichtum führte die Konquistadoren über die Leichen ihrer unschuldigen Opfer. Diese Männer waren keine Helden und Übermenschen, als welche sie heute noch vielfach bewundert werden, sondern ebenso wagemutige wie kaltblütige Abenteurer, die vor keinem Verbrechen und keiner Grausamkeit zurückschreckten, wenn es galt, ihre persönliche Habgier zu befriedigen. Für sie bedeuteten die Indianer nichts anderes als Freiwild. Die christlichen Europäer fühlten sich den heidnischen Indianern weit überlegen. Wohl bestand ein Gebot des spanischen Königs, gegen diese menschlich zu verfahren, aber die ungeheure Entfernung zwischen Mutterland und den überseeischen Besitzungen Spaniens setzte das königliche Gebot außer Kraft. Am Rio de la Plata ging Macht vor Recht. Für die schier übermenschliche Leistung, die den Teilnehmern der Expedition in den zwei Jahrzehnten ihres Feldzuges abverlangt wurde, entschädigten sie sich durch Beute. Jeder Landsknecht wurde zum reichen Mann. Utz Schmidl rühmt sich, daß ihm 50 Männer, Frauen und Kinder als Sklaven dienten. Und doch war es nur ein Reichtum auf kurze Zeit. Wie sollte ihn der Landsknecht nach Hause bringen? Die Heimat lag viele tausend Kilometer weit. Am Jakobstag des Jahres 1552, nach achtzehnjährigem Aufenthalt in der Fremde, erreichte Utz Schmidl ein Brief aus Sevilla von der Fugger-Faktorei, daß sein Bruder Thomas schwer erkrankt sei und ihn beschwöre heimzukehren.

Damit begann sein größtes Reiseabenteuer: die Heimfahrt. Wenn die Astronauten heute zum Mond fliegen, bringt das für sie weit weniger Risiko mit sich als damals für Utz Schmidl die Reise mitten aus dem Rio-de-la-Plata-Gebiet in den niederbayerischen Gäuboden. Sie dauerte eineinhalb Jahre. Um bei dem brasilianischen Hafen San Vicente an die Küste zu kommen, wählte Schmidl den Landweg. Zwanzig der ihm als Sklaven dienenden Indianer begleiteten ihn und trugen, was er sich im Lauf der achtzehn

Landsknechtsjahre erworben hatte. Bis nach San Vicente mußte er noch Hunderte von Meilen zurücklegen in einer grausam schönen Tropennatur, die alle Kräfte der Reiseeskorte aufzehrte. Sie befand sich stets in höchster Lebensgefahr, wurde sie doch Tag und Nacht von wilden Tieren umlauert, die sie auch in der Nacht nicht zum Schlafen kommen ließen. Wiederholt mußte sie durch Gebiete von Indianerstämmen mit kannibalischen Lebensgewohnheiten. Zwei der Reisegefährten Schmidls schmorten an den Bratspießen von Menschenfressern. Sechs Monate war der seltsame Reisetrupp unterwegs nach San Vicente. Und erst nach viereinhalbmonatiger Schiffahrt langte er bei den Azoren an.

Im Hafen von Cadiz suchte sich der Straubinger Heimkehrer ein großes neues Schiff aus, auf dem er seine Indianer, Kisten mit Mänteln, Baumwolle und Silber, natürlich auch Speise und Wein für die Fahrt verlud. Er selbst wollte erst am frühen Morgen vor der Abfahrt an Bord gehen. Da aber der Kapitän ohne ihn absegelte, mußte er sich nach einem anderen Schiff umsehen, das ebenfalls, wie Schmidl wollte, nach Antwerpen fuhr. Das war sein Glück, da der Segler mit seiner Habe bei einem Sturm zerschellte. Am 26. Januar 1554 erreichte Utz Schmidl Antwerpen. So war ihm nur das nackte Leben geblieben und die Blätter mit seinen Aufzeichnungen. In der Heimat traf er seinen Bruder noch lebend an, der aber schon am 20. September desselben Jahres starb.

Utz Schmidl fand in seiner Vaterstadt nicht die Ruhe des Alters, worauf er nach einem so stürmischen Leben gehofft hatte. Zwar wurde er noch Ratsherr, da er sich aber zum Luthertum bekannte, fiel er 1563 der religiösen Intoleranz zum Opfer. Er mußte mit vielen anderen Straubinger Glaubensgenossen in die Verbannung gehen und fand Aufnahme in der Freien Reichsstadt Regensburg. Wahrscheinlich hat er die Notizen seiner Erlebnisse zwischen 1554 und 1563 in Straubing ausgewertet. Erst 1567 erschien seine Reisebeschreibung als Buch. Utz Schmidl war und blieb der einzige bayerische Konquistador. Daß wir von seiner Existenz wissen, verdanken wir eigentlich jenem flandrischen Schiffskapitän, der die Nacht im Hafen von Cadiz durchzechte und betrunken abfuhr, ohne auf seinen niederbayerischen Passagier zu warten.

Marco Bragadino

Der Goldmacher des Herzogs

München feierte das Allerseelenfest 1590. In einem Gewölbe der Herzogsburg standen zwei Männer vor einem Kohlenfeuer, über das sie einen Schmelztiegel gestellt hatten. Beinkleider und Wams des einen waren aus schwarzem Samt. Über der Brust trug er eine goldene Kette. Der andere war in smaragdgrüne Seide gekleidet und hantierte am Feuer, während ihm der Begleiter gespannt zuschaute. Im Schmelztiegel kochte Quecksilber auf. Nachdem er laut ein Ave-Maria gesprochen hatte, hüllte der am Feuer Hantierende orangefarbenes Pulver in rotes Wachs und warf das so entstandene Kügelchen in das schäumende Quecksilber.

Dann legte er frische, sorgfältig angezündete Kohlen aufs Feuer, so daß es wie ein roter Kranz um den Schmelztiegel aufloderte, und bat seinen Begleiter, an die Tür zu gehen, wo er ein Geräusch gehört zu haben meinte.

Im selben Augenblick, da sich der andere zur Tür entfernte, schüttelte er selbst aus dem rechten Rockärmel Goldstaub in den wallenden Schmelztiegel. Der Trick des Goldmachers Marco Bragadino war geglückt. Seinem Auftraggeber, Herzog Wilhelm V. – dies war der Mann im schwarzen Samtwams –, hielt er nach einer Viertelstunde den in Wasser abgekühlten Schmelztiegel entgegen. Wilhelm atmete tief auf. Im Tiegel lag ein Goldklumpen. Das Versprechen des Venezianers Bragadino, daß er Gold machen könnte, war eingelöst. Im kleinen hatte er dem Herzog demonstriert, was im großen vollzogen den Staatsbankrott von Bayern abwenden sollte; denn Wilhelm V. stak in Riesenschulden.

Schon von seinem Vater hatte er 600 000 Gulden Schulden übernommen. Das Kriegführen gegen den zum Protestantismus übergetretenen Erzbischof von Köln verschlang viel Geld, aber noch mehr der Bau der Michaelskirche in München, so daß die Landstände zwar einen Schuldenbetrag von 1 900 000 Gulden übernahmen, aber die Geldmisere immer noch nicht beseitigen konnten. Was half es, daß der Herzog als der frömmste Fürst in seiner Zeit galt, daß er sich selbst geißelte, nach Tuntenhausen wallfahrtete und die Werke der Barmherzigkeit sogar an den Unwürdigsten übte, die herzoglichen Kassen waren und blieben leer. Nur ein Wunder konnte sie noch füllen. Und dieses Wunder sollte jetzt Marco Bragadino wirken, der Edelmann aus Venedig.

Unter diesem Namen hatte der »Goldmacher« Aufsehen in ganz Europa erregt. Doch hieß er in Wirklichkeit nicht

Bragadino, sondern Mamugnà, und er war kein Veneziáner, sondern ein Cypriote, der schon im Jahre 1570 das in die Hände der Türken gefallene Inselland verlassen hatte. Die Bragadini waren ein uraltes Patriziergeschlecht von Venedig und nahmen auf Cypern einige von ihnen abhängige Leute in eine Art Schutzverhältnis auf, darunter auch die Mamugnà, die dann den Beinamen »de Bragadino« führten. Von dem ganzen Namen fiel später Mamugnà weg und blieb nur mehr irreführend Bragadino übrig. So war aus dem neugriechischen Leibeigenen ein venezianischer Edelmann geworden.

Die Namensänderung hielt Marco für wichtig; denn als angeblicher Goldmacher hatte er mit hohen und höchsten Persönlichkeiten in ganz Europa zu tun, in Genf, in Brügge, in Frankreich, in England, hauptsächlich aber in Italien. Dort waren seine Partner unter anderen die päpstliche Kurie in Rom, die Herzöge von Florenz und Mantua, nicht zuletzt aber die Signoria der Republik Venedig. In Venedig erlaubte er sich den Spaß, der Signoria ein Fläschchen und ein versiegeltes Papier zu übergeben als Unterpfand für seine zukünftigen Goldmacherdienste. Fläschchen und Zettel mußten in einem Tresor verwahrt werden, zu dem nur er selbst die Schlüssel bekam. Mit dem Fläschchen und dem auf dem Zettel beschriebenen Geheimnis versprach er, sofort für 250000 Scudi Gold zu machen, nach 45 Monaten für siebeneinhalb Millionen und nach weiteren 45 Monaten für 225 Millionen. So hätte Venedig immerhin in sieben bis acht Jahren die Chance gehabt, wieder die Weltmacht zu werden, die es jahrhundertelang gewesen war. Aber noch ehe Mamugnà auch nur Spuren von Gold in seinem Schmelztiegel hervorbrachte, floh er bei Nacht und Nebel nach Bayern, einem Ruf Herzog Wilhelms folgend.

Der Papst, der Doge von Venedig, die Herzöge von Florenz, Mantua und Bayern waren beileibe keine Dummköpfe. Sie huldigten nur dem allgemein verbreiteten Glauben ihrer Zeit, ein Mann, der den Stein der Weisen gefunden hätte, könnte mit einfachen Hilfsmitteln Gold herstellen. Auch Albertus Magnus, Thomas von Aquin, Roger von Bacon und Paracelsus hielten das für möglich. Unter den Gutgläubigen befanden sich sehr ernst zu nehmende und hochstehende Männer wie Kaiser Rudolf II., Kurfürst Joachim II. von Brandenburg, Kurfürst August von Sachsen, die Herzöge Julius von Braunschweig-Wolfenbüttel und Friedrich von Württemberg, der nicht weniger als elf Goldmachern ins Garn ging.

In den ersten Augusttagen des Jahres 1590 kam Bragadino nach Landshut. Er ritt auf einem Berberhengst in die Stadt ein und war von Kopf bis Fuß in Samt und Seide gekleidet. Neben dem Hengst sprangen zwei schwarze Doggen. Scheu und ehrfurchtsvoll blickten die Landshuter Bürger zu dem Mann empor, der ihren Fürsten zum reichsten Herrscher in der Welt machen sollte. Es sprach sich bald herum, daß er mit der derben bayerischen Kost ganz und gar nicht zufrieden war, sondern sich die köstlichsten Leckerbissen aus dem fernen Süden kommen ließ: Austern und Pinienkerne aus Venedig, Tintenfische aus Cypern, feines Gebäck aus Genua, Cervelatwürste aus Florenz, dazu die Weine fässerweise aus toskanischen Weingärten. Seine Wohnung bezog er in den Prachtgemächern der Trausnitz. Er war, davon konnte sich jedermann mit eigenen Augen überzeugen, der vielgeliebte Günstling des Herzogs, mit dem er vertrautesten Umgang pflog.

Natürlich rief das den Neid und die Mißgunst der anderen Höflinge hervor. Am meisten kränkte sich die Mutter des Herzogs, eine Kaiserstochter, über seine Freundschaft mit dem welschen Alchimisten. Der 16. Oktober wurde zu ihrem Sterbetag und es hieß allgemein, der Kummer wegen ihres Sohnes habe sie ins Grab gebracht. Daß ihr frommer Sohn diesen ausgesprungenen Kapuziner bei sich duldete, und nicht nur das, sondern daß er auch dessen Geliebte Signorina Laura in den herzoglichen Gemächern wohnen ließ und so einem gotteslästerlichen Konkubinat Vorschub leistete, brach der Mutter das Herz. Vergeblich erklärte Wilhelm der Sterbenden, er habe einen eigenen Gesandten zum Papst geschickt, um für Bragadino eine Dispens von seinem Ordensgelübde zu erwirken und so die Ehe mit Laura zu ermöglichen, die Mutter starb in Verzweiflung.

Tatsächlich traf diese Dispens nie ein, weil Bragadino alias Mamugnà auch schon die Vorgänger des soeben regierenden Papstes, Gregors XIV., genarrt hatte. Aber immer noch glaubte Herzog Wilhelm V. an die Lauterkeit seines Günstlings. Er gab sich damit zufrieden, daß dieser nur kleine Mengen Gold erzeugte als Probe dessen, was er später leisten wollte. Vorderhand war der Gebende der Fürst und der Nehmende der »Goldmacher«.

Dem schillernden Betrüger zuliebe wurde Wilhelm der Fromme selbst zum gewöhnlichen Defraudanten. Er wußte bald nicht mehr, woher er das Geld für die reichen Geschenke an den Cyprioten und dessen Konkubine nehmen sollte. So versetzte er Kleinodien des am 11. August 1590 verstorbenen Oberhofmeisters Otto Heinrich Graf von Schwarzenberg, die ihm zur Ansicht und etwaigen Erwerbung übergeben worden waren. Der Sohn des Toten, Graf Wolf Jakob von Schwarzenberg, sah die Juwelen nie wieder, sondern erhielt später nur mehr eine Abfindung weit unter ihrem Wert. Das war eine regelrechte Unterschlagung und konnte nach der peinlichen Halsordnung Kaiser

Karls V. mit dem Tod oder schwerer Leibesstrafe geahndet werden, falls sich ein kleiner Mann desselben Deliktes schuldig gemacht hätte. Die Umgebung des Fürsten, die Räte und Agnaten, wußten es und mußten damit rechnen, daß sich der Vorgang wiederholte. Ihrer Pflicht und Verantwortung bewußt, griffen sie ein.

Sie ließen jenen Mann festnehmen, der ihren Fürsten skrupellos ausnützte, ohne die verlangten Gegendienste dafür zu leisten. Am 24. März 1591 wurde Bragadino mitsamt seinem Gesinde verhaftet. Er hatte nicht damit gerechnet, daß ihm ausgerechnet von den Bayern, über deren Schwerfälligkeit und Dummheit er sich immer lustig machte, das Handwerk gelegt wurde. Um so schwerer traf ihn dieser Schicksalsschlag.

Die Verhaftung erfolgte ohne Wissen und hinter dem Rükken des betörten Fürsten. Doch sehr bald lag das Gutachten des Hofratskollegiums, des Justizministeriums jener Zeit, vor. Ihm konnte Wilhelm nicht widersprechen. Die angeführten Argumente machten auch noch den Blindesten sehend. Bragadino selbst wandte sich, schlau wie er war, sogleich an die Jesuiten. Wenn ihn jemand retten konnte, waren es diese, das wußte er. Darum verlangte er zunächst nach einem Jesuiten als Beichtvater. Pater Gregorio de Valencia, der zu ihm kam, präsentierte sich ihm, welcher »Zufall«, zugleich als Beichtvater des Herzogs. Der Gefangene legte bei ihm in völliger Zerknirschung eine Generalbeichte ab und bekannte sich schuldig. An ihn, der als Kapuziner die Subdiakonatsweihe erhalten hatte, durfte nach römischem Recht kein Folterknecht die Hand legen, noch dazu, wo er seine Schuld freimütig bekannt hatte und dies auch schriftlich niederlegte. Da stand schwarz auf weiß zu lesen, daß alles, was er vollbracht habe, reiner Betrug gewesen sei. Vielleicht hoffte Bragadino insgeheim, daß die Jesuiten bei dem Herzog noch einmal ein gutes Wort einlegen und ihm auf diese Weise zur Begnadigung verhelfen würden. Aber wenn sie ihn auch vor der Folter bewahrten, so erklärten sie doch, es sei nicht ihre Aufgabe, einen Übeltäter vor der zeitlichen Strafe zu retten. Nur wenn er die verwirkte Strafe im Diesseits abbüße, könne er im Jenseits auf Gnade rechnen. Das bedeutete sein Todesurteil. Gewöhnlich lautete dieses im Fall eines Diebes und Betrügers auf Tod am Galgen. Aber das schien den Jesuiten für einen ausgestoßenen Priester zu schmählich. Darum setzten sie die »Gnade« der Enthauptung durch. Trotzdem errichteten Auer Zimmerleute auf dem Weinmarkt, dem heutigen Marienplatz, ein Gerüst mit einem Galgen. An ihm hing ein mit Blattgold überzogener Strick als Symbol dafür, daß der Delinquent eigentlich das Gehängtwerden verdient hätte.

Am Freitag, dem 26. April 1591, sollte Bragadino sterben. Er wurde wie ein Harlekin zur Richtstätte geführt. Weißblau gewürfelt war sein Sterbekleid. Zwei Jesuiten stützten den Missetäter. Auf dem Richtplatz wurde ihm sein Urteil vorgelesen. Es erhellte daraus, daß er die verschiedensten Leute in Europa, Privatpersonen und Fürstlichkeiten, unter dem Vorwand, Gold machen zu können, um große Geldsummen betrogen habe. Aus Landshut war der Nachrichter bestellt. Doch der waltete seines Amtes schlecht. Anstatt Mamugnà zu köpfen, verfehlte er den Hals und führte mit dem Schwert einen Streich schräg über die Schädeldecke, so daß das Gehirn herausspritzte. Dann schlug der Landshuter wie ein Tobsüchtiger auf den Unglücklichen ein. Das Hinrichten wurde zum Abschlachten.

Den Münchner Bürgern mißfiel die Unfähigkeit des Nachrichters über die Maßen, und schon waren sie im Begriff, den Richtplatz zu stürmen und den Stümper seines Fachs

zu lynchen, da rettete der Bannrichter Neuchinger diesem das Leben, indem er zweihundert Musketenschützen den Befehl gab, zu feuern, wenn das Volk weiter auf das Schafott vordringe. Das wirkte. Mit zitternder Hand nahm der Nachrichter seinen Henkerslohn von 20 Gulden 46 Kreuzern entgegen und kehrte ungeschoren nach Landshut zurück. Der Abgeschlachtete blieb noch bis nachmittags fünf Uhr auf dem Blutgerüst liegen. Dann holten ihn sechs Gugelmänner ab und bestatteten ihn auf dem Friedhof von Hl. Kreuz.
Die Konkubine des Betrügers war vom Herzog schon vierzehn Tage vorher in einer eigenen Kutsche über Trient nach Mailand geschickt worden. Wilhelm wollte der von ihm hochgeschätzten Laura den Anblick der Hinrichtung ersparen. Auch Paolina, die Schwester Bragadinos, reiste in dieser Kutsche mit. Im März 1593 erschien Paolina wieder am fürstlichen Hof in München und bat um ein Almosen. Der Herzog schenkte ihr 20 Scudi. Er fühlte sich dem schwachen Geschlecht gegenüber, sofern dieses aus dem Welschland stammte, zur Ritterlichkeit verpflichtet. Ungerührt aber schaute der ritterliche Fürst zu, wenn harmlose weibliche Landeskinder als Hexen gespießt, mit glühenden Zangen gezwickt, aufs Rad geflochten, gehäutet und schließlich lebendig verbrannt wurden. Für den Erbauer der Michaelskirche waren sie nicht Christenmenschen, sondern Buhlerinnen des Teufels.

Kurfürst Maximilian I.

»Der größte Sünder«

Durch das Ingolstädter Schloß ging ein Flüstern und Raunen: »Der Kurfürst stirbt!« Es war Maximilian I., Herzog von Bayern, neunundsiebzig Jahre alt. Man schrieb den 27. September 1651. Seit Beendigung des Dreißigjährigen Krieges waren drei Jahre vergangen, kostbare Jahre des heißersehnten Friedens. Nur so lange noch hatte der Fürst Zeit gehabt, die Wunden des Krieges zu heilen. Es waren schwere Wunden. An die tausend Städte und Dörfer seines Landes lagen in Schutt und Asche. Rudel von Wölfen durchstreiften die verödeten Fluren, die hungernden Menschen nährten sich von Hunden und Katzen, die selbst nur noch Haut und Knochen waren. Aber es herrschte Frieden und dafür pries das Volk Gott. Die Kirchen füllten sich wieder mit Betern.

Auch der fromme Kurfürst hatte soeben eine Wallfahrt nach Bettbrunn bei Ingolstadt gemacht. Es war ein glückliches Wiedersehen mit der Stadt, in der er seine Studienjahre zugebracht hatte. Um seine Kutsche drängte sich das jubelnde Volk, als er unter Glockengeläut und Geschützsalut durch die Straßen fuhr. Diese Stadt hatten die Feinde immer wieder erstürmen wollen und nie war es ihnen gelungen, sie zu bezwingen. Ingolstadt trotzte wie ein Felsenriff dem tobenden Meer. Als sich aber der greise Kurfürst nach allen Seiten wandte, um die Menschen zu begrüßen, entdeckte er keine bekannten Gesichter mehr. Von den Gefährten seiner Jugend war keiner mehr übriggeblieben. Er überlebte als einziger europäischer Fürst den ganzen Krieg, der 1618 entbrannt war und 1648 endete. Dafür sagte er vor dem Gnadenbild der Gottesmutter in Bettbrunn Dank. Er hatte der kühlen nassen Septembertage und der zugigen Kirche nicht geachtet. Über Nacht schüttelte Frösteln den ausgemergelten Körper, und als die Ärzte eine schwere Lungenentzündung konstatierten, war es zur Rettung des Kranken schon zu spät. Angesichts des Altars, den er sich vor seinem Bett hatte errichten lassen, überdachte Maximilian noch einmal sein ganzes Leben und prüfte sich, ob er seine Pflichten als Fürst und Mensch treulich erfüllt hatte. Dies war ihm vom Schicksal nicht leichtgemacht worden. Von seinem Vater Wilhelm V. hatte er eine große Schuldenlast übernommen. Um sie zu tilgen, erhob er Sparsamkeit und Fleiß zur Staatsmaxime. Durch seine Hand ging jede an den Hof gestellte Rechnung. Er ordnete an, daß ihm jeder Pfennig, der vom Zoll- und Finanzamt eingenommen wurde, vorzurechnen sei.

So kam es, daß er in seiner fünfzigjährigen Regierungszeit stets über volle Kassen verfügte, selbst während des Dreißigjährigen Krieges und nach diesem. Die Einnahmen seines Staatsetats in fünf Dezennien betrugen insgesamt 164 Millionen Gulden, die ordentlichen Ausgaben 64 Millionen, 100 Millionen flossen in den Kriegssäckel. Rote Zahlen kannte die kurbayerische Finanzadministration nicht. Es ist heute kaum vorstellbar, daß sich ein Staatsoberhaupt um jeden einzelnen Aktenbeleg kümmert. Maximilian tat es. Dafür begann sein Arbeitstag um vier Uhr früh und er dauerte bis in die späten Abendstunden, manchmal bis Mitternacht.

Im Bayerischen Staatsarchiv liegen heute noch unzählige Aktenstücke mit handschriftlichen Randbemerkungen Maximilians, die an Deutlichkeit nichts zu wünschen übriglassen. Es heißt da beispielsweise: »An wem lauth das Schreiben? Man kanns nit schmöckhen!« Oder: »Es ist zum Erbarmen, daß so wenig Hirn in so dicken Köpfen!« »Für so wichtige Sachen sind die Hofräte noch zu grün!«

Natürlich war sich Maximilian bewußt, daß der Staat kein bloßes fiskalisches Unternehmen oder nicht eine tausendfüßige Ausgeburt der Bürokratie ist, sondern eine menschliche Gemeinschaft, die ohne rechtliche und sittliche Grundsätze nicht existieren kann. Der Codex Maximilianeus faßte das gesamte bayerische Landrecht zusammen und revidierte es, so daß es in alle Lebensbezirke des Volkes eingriff. Gleichwie der Fürst selbst ein vorbildliches Familienleben führte, verlangte er dies auch von seinen Untertanen. Liederlichkeit und Sittenlosigkeit wurden streng bestraft. Auf Ehebruch stand im Wiederholungsfall die Todesstrafe. Entsprechend der religiösen Grundhaltung ihres Landesherrn mußten die Bayern sich streng an die kirchlichen Fastengebote halten, die Osterbeichte war nicht nur kirchliche, sondern auch staatliche Pflicht und mußte mit dem Beichtzettel nachgewiesen werden; auf keinen Fall durften Erwachsene wie auch Kinder die Sonntagsmesse versäumen.

Das war nicht nach jedermanns Geschmack, auch nicht, daß viele Hexenprozesse innerhalb der weißblauen Grenzpfähle mit dem Feuertod völlig Unschuldiger endeten. Aber Maximilian handelte stets als Mann, der von der Richtigkeit seines religiösen Standpunkts überzeugt war. Als er die im Dreißigjährigen Krieg zurückgewonnene Oberpfalz mit brutaler Gewalt wieder katholisch machte, war das für ihn eine drängende Gewissensfrage. Er glaubte wie kein anderer Fürst seiner Zeit, daß ihn Gott bestimmt habe, sein Reich römisch katholischer Prägung schon auf Erden zu verwirklichen. So ist auch zu verstehen, daß er die Gottesmutter zur Patrona Bavariae dekretierte und am 7. November 1638 vor der Mariensäule auf dem Schrannenplatz kniend jenes denkwürdige Gebet verrichtete, das mit den Worten schloß: »Erhalte o heilige Jungfrau Maria, deinen Bayern ihre Habe, ihr Fürstenhaus, ihre Verfassung und ihre Religion!«

Er, der nicht nur Bayerische Geschichte machte, sondern ganz entscheidend das politische Schicksal des damaligen Europa mitformte, war kein hochmütiger Potentat, dem Macht alles und Demut nichts bedeutete. Darum ging er von dem Grundsatz aus: »Gott, so oft es ihm beliebt, erniedrigt die Herrscher und erhöht die Kleinen. Er erhält das Gleichgewicht sowohl für den Armen wie für den Reichen, den Niederen und den Hohen.« Zwar war er ein Eiferer, aber auch ein wahrhaft Gerechter, ihm mußte man zubilligen, daß er es ernst nahm mit seiner Devise: »Alienis lucendo consumor.« (Ich verzehre mich wie die Flamme, die anderen leuchtet)

Maximilian verabscheute den Krieg als das größte Übel der Menschheit, und doch zwang ihn das Schicksal, ein halbes Leben lang selbst Krieg zu führen, wollte er nicht sein Land den angreifenden Feinden als wehrlose Beute ausliefern. Damals spaltete sich Europa in zwei Lager, in das des traditionellen Glaubens und in das andere der religiösen Erneuerung. Der Riß ging mitten durch Deutschland. Hier focht die katholische Liga und dort die protestantische Union. Die Union erhielt den mächtigen Beistand des Schwedenkönigs Gustav Adolf. Dadurch wurde der Kampf noch erbitterter, noch härter, noch verlustreicher. Doch feststeht, daß ihn die Liga schon frühzeitig hätte abbrechen müssen, wäre Kurfürst Maximilian nicht ihr Kopf und Herz gewesen.

Seine Armee unter der Führung des als unbesiegbar geltenden Johann Tserklaes von Tilly bildete das militärische Rückgrat des Bundes und Maximilians Kriegskasse bestritt den Löwenanteil der Rüstungskosten und Soldgelder für die Liga. Der guten Sache wegen nahm der Kurfürst widerspruchslos viele Demütigungen durch den kaiserlichen Generalissimus Wallenstein hin. Der böhmische Edelmann spottete unverhohlen über den frömmelnden Dummkopf, für den er Maximilian hielt, doch bedachte er nicht, daß ausgerechnet dieser Dummkopf seine hochfliegenden reichsfeindlichen Pläne durchkreuzte und mithalf, ihn zu Fall zu bringen im selben Augenblick, da der Generalissimus aufsteigen wollte zum Militärdiktator. Als ihm der irische Hauptmann Devroux die Hellebarde ins Herz stieß, konnte Wallenstein nur noch das Wort »Quartier« (militärischer Ausdruck für Gnade) stammeln. Es war zu spät. Wallenstein hatte seinen ernsthaftesten Gegner, den Bayernfürsten, unterschätzt und nicht begriffen, daß dieser von politischer Macht eine wesentlich andere Vorstel-

lung besaß als er selbst. Golo Mann, der moderne Biograph Wallensteins schreibt darüber:
»Maximilian von Bayern dient der Heiligen Jungfrau und der Größe seines alten weitverzweigten Hauses und dem Reiche auch; dient Zwecken, die lange vor ihm da waren und lange nach ihm da sein werden, er steht auf festem Grund, Wallenstein nicht; überall ein Fremdling, nur beliehen mit Macht, die er selber geschaffen hat, mit der er aber nicht dauerhaft identisch ist, und sie nicht mit ihm.«

Wallensteins Sturz fiel just in die Zeit, da der Kurfürst selbst vor einer Bewährungsprobe seines Lebens stand. Die Schweden hatten Regensburg erobert, ohne daß ihnen der mit Wallenstein befreundete kaiserliche General Aldringer noch Widerstand leistete. Wie eine Sturmflut ergossen sie sich über die Oberpfalz und den Gäuboden. Kurfürst Maximilian I. suchte letzte Zuflucht in der Festung Braunau. In dem kleinen Landschaftswinkel zwischen Isar, Inn und Salzach bezogen dreißig bayerische und kaiserliche Regimenter Winterquartiere. Kurz darauf brach in diesem Gebiet ein Bauernaufstand aus, der sich gegen die Ausschweifungen und Greuel der ungebetenen Quartiergäste richtete. Gleichgültig, ob es sich um bayerische, polnische, kroatische oder spanische Soldateska handelte, infolge des schon fünfzehn Jahre währenden Krieges war sie völlig undiszipliniert und verroht. Diebstähle, Räubereien, Mißhandlungen und Notzucht gehörten so zum Alltag, daß sich die einheimische Bevölkerung dagegen nicht mehr anders zu helfen wußte als mit »knopfeten, spitzigen Prügeln, zweizinketen Gabeln, Hellebarden und Pistolen«.

Von Dorf zu Dorf riefen Sturmglocken die Bauern zum Aufstand in den Gerichten Kling, Schwaben, Haag, Wasserburg, Neumarkt, Ötting, Kraiburg, Trostberg, Traunstein und Mörmoosen. Die Bauern riskierten Leib und

Leben, um die Soldateska, sowohl die bayerische als auch die kaiserliche, über die Isar zurückzutreiben. An der Spitze der bäuerlichen Rebellen stand Kaspar Weinbuch, Wegmüller von Bamsham im Gericht Kling. Im Eselswald bei Wasserburg, das der niederländische Generalwachtmeister Timon von Lindelo durch Aufziehen der Innbrücke und Sperren der Tore schützen mußte, schlugen die Aufrührer ihr Lager auf. Ihre Zahl belief sich auf mehr als 20 000 Bauern und Knechte.

Der Aufstand, der Maximilians erschöpften Truppen die Winterquartiere zu rauben drohte, bedeutete für den Kurfürsten mitten in dem schon nur mehr auf bayerischem Boden geführten Krieg eine tödliche Gefahr. Deshalb übernahm der Wasserburger Kapuzinerguardian Pater Roman eine wichtige Mission. Maximilian hatte ein Mandat an die Aufständischen gerichtet und sie vor Selbsthilfe und Widersetzlichkeit gewarnt, ihnen aber seine Hilfe gegen die Übergriffe der Soldateska zugesichert. Geleitet von Kaspar Weinbuch, begab sich der Kapuziner ins Bauernlager und verlas dort das Mandat des Kurfürsten. Trotzdem weigerten sich die Bauern noch immer, auseinanderzugehen. Sie forderten lärmend, daß sie von der Einquartierung befreit würden. Nachdem Pater Roman dem Kurfürsten ihre Forderung überbracht und ihn endgültig bewogen hatte, den Bauern nachzugeben, zogen diese friedlich ab. Aber dem Abzug folgte ein hochnotpeinliches Nachspiel. Die Verhaftungen der Rädelsführer begannen. In Wasserburg reichten die Schergenstuben und Keuchen für die Aufnahme der Untersuchungsgefangenen nicht mehr aus. 170 Bauern wurden eingekerkert, darunter der Wegmüller von Bamsham. Er starb im Gefängnis an den Folgen der Folterung, während vier andere Bauernführer mit dem Schwert hingerichtet wurden, darunter Michael Mauerberger, der Schmied von Mauerberg. Von dem gevierteilten Schmied wurden die einzelnen Körperteile an vier verschiedenen Schnellgalgen aufgehängt, so auch hart an der oberösterreichischen Landesgrenze auf dem Hirschberg, um die Bauern von einer neuen Rebellion abzuschrecken. Maximilian wußte wohl, aus welch gequälten Herzen das Kampfgeschrei des Aufstandes gekommen war, doch er mußte weiter blicken als die im Wasserburger Eselswald zusammengelaufenen Aufrührer. Jetzt ging es um den Bestand des bayerischen Staates. Und in allem, was Maximilian tat und unterließ, achtete er nur auf das Interesse des Staates. Ihm ordnete er alles andere unter, auch seine persönlichen Empfindungen. Er handelte stets nach dem Grundsatz, den er seinem Sohn Ferdinand Maria besonders ans Herz gelegt hatte:

»Das Wohl der Untertanen und des Gemeinwesens soll dein großes Gesetz sein und ihm sollst du deinen eigenen Nutzen hintanstellen.«

Noch zu seinen Lebzeiten und erst recht nach seinem Abscheiden machten ihm die Gegner zum Vorwurf, er habe als machtbesessener Menschenverächter geherrscht. Wie ungerechtfertigt dieser Vorwurf war und ist, erhellt aus der Anordnung seines Testaments, ohne jeden Prunk solle das Begräbnis vor sich gehen und kein Wort des Lobes an seinem Grab gesprochen werden. Wörtlich schrieb Maximilian:

»Meinen Madensack soll man nicht lange auf Erden lassen, noch viel Grandezza und Zeremonie darum machen, sondern die Spesa auf die Armen verwenden.« Und er ordnete an, daß die Armen 50 000 Gulden Almosen erhielten und die Jesuiten für seine Arme Seele 10 000 Messen lasen.

In dem vom Kurfürsten schon früher gestifteten Gnadenbild-Tabernakel der Altöttinger Wallfahrtskapelle fand man ein Jahr nach seinem Tod ein flaches, vergoldetes Holzkästchen. Es enthielt einen pergamentenen Brief, den Maximilian mit seinem Blut geschrieben hatte. Da hieß es: »In mancipium tuum me tibi dedico consacroque Virgo Maria hoc teste cruore atque chyrographo Maximilianus peccatorum corypheus.« (Dir gebe ich mich ganz zu eigen und weihe mich dir, Jungfrau Maria. Das bekräftige ich mit meinem Blut und eigenhändig. Maximilian, der größte der Sünder.)

Bruder Michael Pletz

Hausschatzhüter Max Emanuels

Bruder Michael Pletz und Kurfürst Max Emanuel waren Zeit ihres Lebens gute Nachbarn. Max Emanuel regierte von seiner Münchner Residenz aus das Bayernland, Michael wachte an der Pforte des unmittelbar neben der Residenz gelegenen Franziskanerklosters darüber, daß niemand sein Pförtnerstübchen passierte, ohne von ihm befragt und eingelassen zu werden. Zuweilen besuchte der Fürst das Kloster. Dann begegnete ihm das kleine verhutzelte Männchen an der Pforte mit jenem Respekt, den ein tapferer und frommer Monarch verdiente. Michael erinnerte sich daran, wie der junge Prinz an seinem Kloster vorbei nach Altötting wallfahrtete. Und als Max Emanuel hoch zu Roß seinen Truppen voranritt, betete der Franzis-

kanerbruder inbrünstig, Gott möge den Sieg an die Fahnen des Kurfürsten heften. Das Gebet fand Erhörung.
Fünf Jahre später kehrte der Kurfürst als glorreicher Sieger von Mohacz und wagemutiger Eroberer der Türkenfestung Belgrad zurück. Allerdings folgten ihm nicht mehr die 30 000 Soldaten, mit denen er ins Feld gezogen war. Die meisten von ihnen lagen in fremder Erde, viele kamen als Krüppel zurück, und nur wenige paradierten mit gesunden Gliedern durch die Straßen Münchens. Aber auch sie fanden keine Zeit, auf ihren Lorbeeren auszuruhen. Der Krieg dauerte für sie noch Jahre fort. In der Pfalz, am Rhein und in Savoyen mehrten die Veteranen des Türkenkrieges den Ruhm ihres Herrn, der die gegen Frankreich kämpfende Reichsarmee als Generalissimus befehligte.
Wie hätte damals Bruder Michael ahnen und begreifen können, daß derselbe Max Emanuel mit denselben Reichsfeinden ein Jahrzehnt später Waffenbrüderschaft schloß und an ihrer Seite gegen das Reich focht?! Hinter die vertrackten Geheimnisse des dynastischen Ehrgeizes kam der schlichte Klosterbruder nicht. Es tat ihm nur in der Seele leid, daß seinen Nachbarn, den Kurfürsten, Schicksalsschlag auf Schicksalsschlag traf. Nach der Niederlage gegen die vereinigten Engländer und Österreicher bei Höchstädt mußte der sieggewohnte Bayernfürst einem flüchtigen Wild gleich das eigene Land verlassen und ohnmächtig zusehen, wie die Kaiserlichen gegen seine Residenzstadt vordrangen. Am 15. Mai 1705 standen sie vor den Stadttoren und erzwangen die Kapitulation Münchens.

Jetzt sollte der Franziskanerbruder Pletz einer der wichtigsten Männer des Landes werden. Das begab sich so. Sieger nehmen es bekanntlich nicht sehr genau mit dem Eigentum der Besiegten. Also plünderte auch die kaiserliche Besatzung Münchens, was ihr in die Finger kam. Der einfache Soldat drang in die Bürgerhäuser ein und stahl aus Schubläden und Truhen die Kostbarkeiten, die ihm gerade gefielen. Der Herzog von Marlborough, Mitsieger von Höchstädt, ließ die wertvollsten Gemälde der kurfürstlichen Bildergalerie nach England verfrachten, als hätte er ein verbrieftes Recht darauf. Die in einem Residenzturm vergrabenen Juwelen der Kurfürstin wurden von dem österreichischen Oberkommandierenden Prinz Eugen aufgespürt und in die Schatzkammer der Wiener Hofburg gesandt. Nur der Bayerische Hausschatz und die Kronjuwelen des Kurfürsten, auf 14 Millionen Gulden im Wert geschätzt, waren und blieben verschwunden. Darüber wachte Bruder Michael wie sein Namenspatron mit dem Flammenschwert der Treue.

Ein paar wackere Männer, der Schatzmeister Pistorini, der Hofjuwelier Strobel, der Leibschneider Peter und der Hofschreiner Kiening, hatten ein halbes Dutzend Kisten in das Franziskanerkloster getragen und diese in der Gruft vermauert. Der Auftrag dazu war ihnen vom kurfürstlichen Geheimsekretär Unertl gegeben worden. Als sich aber Unertl dem kaiserlichen Administrator Graf Löwenstein als Kollaborateur zur Verfügung stellte, war dies dem Bruder Michael nicht mehr geheuer und er grub den Schatz in der Gruft wieder aus, schaufelte in der Agneskapelle ein tiefes Loch, verkleidete es mit Holz und schleppte die schweren Kisten dorthin, allein, ohne Mithilfe und Wissen seiner Mitbrüder. Bald plagten ihn neue Zweifel und er suchte für den Schatz ein neues Versteck, seine eigene Pförtnerzelle. Mehrere Nächte schuftete und werkte er, ohne daß es jemand bemerkte. In seiner Zelle, hoffte er, würde niemand suchen, und eher hätte er sich die Zunge aus dem Mund reißen als sich eine Silbe über das Versteck des

Schatzes entlocken lassen. Nicht einmal seinem Guardian vertraute er sich an.

Eines Tages erschienen zwei Deputierte der kaiserlichen Administration und verlangten die Herausgabe einer großen Truhe, die im Kreuzgang des Klosters stand. Dort vermutete man den Hausschatz. Beim Öffnen der Truhe gab es allerdings enttäuschte Gesichter, es fand sich darin nur Erzgestein und eine Bibel mit kunstvoll gemalten Schnörkeln. Daß Bruder Michael heimlich lächelte, wurden die blamierten Schatzsucher nicht gewahr. Für den Schatzwächter stand fest, daß der Geheimsekretär seine unehrliche Hand im Spiel hatte, um sich bei Graf Löwenstein lieb Kind zu machen. Und noch einmal fiel der unheilvolle Schatten seines Verrates auf das Münchner Franziskanerkloster.

Es war am 29. Dezember 1705. Fünf Tage vorher, am Weihnachtsabend, hatten sich Münchner Patrioten und Oberländer Bauern gegen die kaiserliche Besatzung erhoben. Aber schon am nächsten Morgen lagen sie zu Hunderten niedergeschossen und zersäbelt am Sendlinger Friedhof. Einigen von ihnen gelang es zu fliehen und sich zu verstecken, so auch dem Hofkoch Engelhardt, dem Hallmayerbräu vom Tal und seinem Nachbarn, dem Puberwirt Kittler. Sie fanden rettende Zuflucht im Klosterasyl der Franziskaner. Das wußte niemand besser als Bruder Michael, der sie selbst ins hintere Krankenstübel des Klosters geleitet hatte. Stundenlang hielt eine Kompanie Soldaten die Straßen vor dem Kloster besetzt. Bruder Michael wurde angst und bang. Er wußte, daß der Ratsherr Senser schon im Falkenturm lag und in der ganzen Stadt Jagd auf die Mitwisser und Teilnehmer des Aufstands gemacht wurde. Waren denn seine drei Schützlinge bereits verraten? Die Antwort darauf gab der kaiserliche Platzmajor, der vom Guardian die Auslieferung Kittlers verlangte. Also wußte man, daß Kittler sich im Kloster aufhielt, aber nicht die anderen zwei.

Michael Pletz lief, so schnell er konnte, ins Krankenstübel und versteckte alle drei in einer Gerümpelkammer, wo sie niemand gesucht und gefunden hätte. Der geprellte Platzmajor tobte wie ein Irrsinniger, als er das Krankenstübel leer antraf und dort noch einige Kleidungsstücke Kittlers herumlagen. Zuletzt erschien Graf Seeau, Beigeordneter des kaiserlichen Statthalters und drohte dem Kloster mit völliger Zerstörung, wenn Kittler nicht ausgeliefert würde. Da befahl der Guardian seinem Pförtner, den Puberwirt auf der Stelle herbeizuschaffen, wolle er sich nicht gegen das Gebot des klösterlichen Gehorsams vergehen. In seiner Not lief Michael der ihm folgenden Soldateska so hurtig voraus, daß diese zurückblieb, und als der Franziskaner noch die brennende Kerze wie aus Ungeschicklichkeit fallen ließ, standen die Häscher in völliger Dunkelheit. So konnten wenigstens der Hofkoch Engelhardt und der Hallmayerbräu durch ein Hintertürl des Klosters entwischen.

Kittler aber wurde von den Kaiserlichen zur Inquisition und Folter in den Falkenturm geschleppt. Sein Untersuchungsrichter war niemand anders als der kurfürstliche Geheimsekretär Unertl, nunmehr Präsident der kaiserlichen Untersuchungskommission. Er ließ den Gefangenen so lang mit schweren Gewichten an den Füßen in die Höhe ziehen und ihm dergestalt die Glieder ausrenken, bis Kittler seine Schuld bekannte, so wie seine Mitgefangenen Clanze, Aberle und Senser. Bruder Michael gelang es, den zum Tod Verurteilten noch einmal vor seiner Hinrichtung zu besuchen. Dabei übergab ihm Kittler Ring, Uhr, Schlüsselbund und trug ihm Grüße auf für sein Weib, die Mutter von sieben unmündigen Kindern. Der Puberwirt trat, 31 Jahre alt, am 29. Januar 1706 den Armensündergang zum Blutgerüst am Marienplatz an, wo sein Haupt als letztes der vier Patrioten fiel. Dem blutigen Schauspiel wohnte Statthalter Graf Löwenstein bei und an seiner Seite der kurfürstliche Geheimsekretär Unertl, der das Schuldbekenntnis der Hingerichteten mit der Folter erzwungen hatte. Zum Lohn für seine Dienste ernannte ihn Kaiser Josef I. 1709 zum Reichshofrat.

All das erlebte Bruder Michael Pletz von seinem Pförtnerstübchen aus mit. Vieles versetzte ihn in Trauer, doch er hatte die tröstliche Genugtuung, daß ihn niemand mehr nach dem in seiner Klosterzelle versteckten Schatz fragte. Unterdessen hielt Max Emanuel in Brüssel Hof. Als Statthalter der Niederlande, zu dem ihn der König von Spanien, ein ehemaliger französischer Prinz, gemacht hatte, fühlte sich der Luxus und Pracht liebende Max Emanuel ganz in seinem Element. Ohne Bedauern dachte er an sein bayerisches Stammland zurück, galt ihm doch, wie sein Bruder Josef Clemens meinte, ein Heustadel in den Niederlanden mehr als eine ganze Stadt in Bayern. Er hatte keine Sehnsucht nach Frau und Kindern. Seine Maitresse en titre (seine Haupt-Mätresse) Fräulein von Montigny und der aus unehelicher Verbindung mit der Gräfin Arco stammende Sohn, der Chevalier de Bavière (Ritter von Bayern), ersetzten ihm das Familienleben.

Zuletzt residierte er, umgeben von beiden, im französischen Compiègne, da er die Niederlande nach einem mißglückten Feldzug verloren hatte. Er versuchte sie durch diplomatische Verhandlungen zurückzugewinnen. Sogar zum endgültigen Verzicht auf Bayern erklärte er sich bereit, wenn er außer den Niederlanden auch noch Sizilien und damit die Königskrone erhielte. So weit kam es aber nicht mehr. Der Rastätter Friede 1715 ebnete ihm den Weg zur Rückkehr nach Bayern. Mit Tränen in den Augen verabschiedete sich Max Emanuel von seinem Protektor, Ludwig XIV. von Frankreich.

Am 11. April zog er nächtlicherweile in München ein. Am 13. April öffnete Bruder Michael in Anwesenheit des Juweliers Strobel und des Schreiners Kiening das selbstgemauerte Verlies, in dem der kurfürstliche Hausschatz versteckt war. Zusammen mit Hofbediensteten brachten der Franziskaner und seine Freunde den Hausschatz in die Residenz.

Gerührt empfing der Kurfürst seinen Nachbarn vom Franziskanerkloster, der den Hausschatz elf Jahre lang unter steter Gefahr gehütet hatte. Max Emanuel drückte ihm die Hand und fragte ihn, welchen Lohn er sich wünsche. Michael wehrte bescheiden ab. Als der Fürst weiter in ihn drang, bat er sich für seine Schwester in Nabburg und deren Mann, den Schuster Baumgartner, Steuerfreiheit aus sowie das Recht, jährlich drei Sud Bier brauen zu dürfen ohne Umgeld und Aufschlag. Das dünkte den Monarchen zu wenig und er versprach ihm täglich eine Maß Wein aus dem kurfürstlichen Hofkeller und dies für alle Zeit des Lebens.

Der neben Max Emanuel stehende Reichshofrat Unertl war froh, als sich Bruder Michael unter vielen Bücklingen entfernte. So konnte er selbst ungeniert die eigenen Verdienste um den Hausschatz rühmen. Ohne sein Dazutun, behauptete Unertl, wäre der Schatz nie in das Franziskanerkloster gelangt, also hätte er den Hauptanteil an der Rettung dieser Millionen, die den bettelarmen Heimkehrer wieder zum reichen Fürsten machten. Nur der Krone Bayerns zuliebe hätte sich der ehemalige Geheimsekretär, wie er vorgab, an die Habsburger verdingt, um unter höchster Lebensgefahr für die Wittelsbacher zu retten, was zu retten war. Unertl empfing fürstlichen Lohn. Er wurde zum Geheimen Rat am Münchner Hof ernannt und als Lehenspropst von Teisbach bestätigte. Zu den 4950 Gulden jährlicher Ratsbesoldung bezog er noch Jahr für Jahr eine Ehrenzulage von 5000 Gulden. Ferner verlieh ihm der dankbare Herrscher die Hofmark Schönbrunn.

Für Michael war der 13. April 1716 der schönste Tag seines Lebens. Die neun Jahre bis zu seinem Tod füllten Leid und Trübsal des bayerischen Volkes aus. Der Kurfürst führte wieder Krieg gegen die Türken. Wieder hungerten, froren, bluteten und starben viele tausend Bayern in der Fremde. Daheim trieb eine Eskadron berittener Grenadiere unter dem Kommando des Grafen von Taufkirchen 551 226 Gulden Steuerrückstände von den in unverschuldete Not geratenen kurfürstlichen Untertanen ein, und die Witwen der im Januar 1706 hingerichteten Patrioten starben nacheinander im tiefsten Elend. Da schmeckte Bruder Michael die Maß Wein, die er täglich aus dem Hofkeller abholen durfte, nicht mehr. Als der Tod an seine Zellentür klopfte, folgte er ihm wortlos. Ein halbes Jahr später starb Max Emanuel. Geheimrat Unertl avancierte zum Geheimen Ratskanzler des neuen Kurfürsten Karl Albrecht.

Johann Andreas Eisenbarth

Der Doktor auf dem Jahrmarkt

Jahrhundertelang verkündete das studentische Spottlied »Ich bin der Doktor Eisenbarth« den zweifelhaften Ruhm eines Mannes, der als Narr und Beutelschneider die Menschen eher um ihre Gesundheit brachte als heilte. Seine Roßkuren mußten auch den Stärksten umwerfen. Ihn stempelte man zum Sündenbock aller Ärzte, und alles, was ein Arzt schlecht oder falsch machen konnte, wurde ihm angedichtet. Daß es ihn wirklich gegeben hat, daran dachte wohl niemand. Doktor Eisenbarth, das war so etwas wie eine Moritatenfigur, ein Schreckgespenst, das vielleicht mißtrauisch gegen ärztliche Kunst machen sollte. Und doch gehört Doktor Eisenbarth nicht der Sage, sondern der Geschichte an.

1837 fiel einem Friedhofsbesucher von Hannoversch-Münden ein Grabstein auf, auf dem zwei Putten ein Wappen hielten und folgende Inschrift eingemeißelt war: »Allhir ruhet in Gott der weiland hochedle hocherfahrene weltberühmte Herr, Herr Joh: Andreas Eisenbart Königl. Grosbritanischer und Churfürstl. Braunschw. Lüneb. brivilegirte Landarzt wie auch Königl. Breussischer Raht und Hofoculiste, von Magdeborg. Gebohrn Anno 1661 Gestorben 1727 d. 11. Novembr. Aetatis 66 Jahr.«

Ein Mann, der geboren und gestorben war, mußte folglich gelebt haben. Seinen Titeln nach zu schließen, konnte er auch nicht ganz so unnütz gewesen sein, wie es ihm die böse Zunge des Schmählieds nachsagte. Aber immer noch blieb es bei seinem schlechten Ruf und am allerwenigsten hätten die Bayern vermutet, daß es sich bei dem »großmauligen Preußen« um einen der Ihren handelte; denn wenn er auch in der Grabinschrift Hof-Okulist und preußischer Rat von Magdeburg genannt wurde, so wies ihn doch ein Taufschein im thüringischen Landesarchiv Altenburg als einen Täufling des Oberviechtacher Pfarrers Johann Spenger aus. Eisenbarth war also beileibe kein Preuße, sondern ein waschechter altbayerischer Oberpfälzer. Nun endlich bemächtigte sich die Archivforschung seiner, und es fanden sich in der Folge viele alte Akten, aus denen Näheres über den angeblich sagenhaften Doktor hervorging. Ein von ihm handgeschriebener Lebenslauf, den er am 27. Juni 1686 an Herzog Friedrich I. von Sachsen-Altenburg zwecks Erteilung eines Privilegs einreichte, brachte Licht in das Dunkel seiner frühesten Jugend.

Er war geboren als Sohn des Matthias Eisenbarth von

Oberviechtach. Schon sein Vater hatte als Okulist, d. h. als Augenarzt, gewirkt, aber auch als Bruch- und Steinschneider, demnach als Wundarzt. Wundärzte gehörten damals der Baderinnung an, ohne selbst Barbiere zu sein. Natürlich mußten sie ihr Handwerk, das die gesamte Chirurgie umfaßte, praktisch beherrschen, aber das genügte nicht. Wenn sie ihre Prüfung vor dem Altmeister der Innung und zwei anderen Meistern abgelegt hatten, kam erst die fachwissenschaftliche Prüfung durch ein Ärztekollegium der Universität. Diese erteilten dem Prüfling die Lizenz, Eingriffe am menschlichen Körper vorzunehmen, was damals unter der Würde reiner Wissenschaftler war. Ausgerüstet mit einem solchen Diplom konnte der Wundarzt fortan seine Tätigkeit ambulant ausüben. Er war damit anderen Gewerbetreibenden gleichgestellt und natürlich auch dem fahrenden Volk, zu dem Quacksalber, Kurpfuscher und Gaukler zählten.

Für Matthias Eisenbarth gab es in dem durch den dreißigjährigen Krieg entvölkerten Oberviechtach und seiner Umgebung wenig zu tun. Er mußte von Dorf zu Dorf ziehen, um das Lebensnotwendige für sich und seine Familie zu verdienen. Aber der Sohn Johannes Andreas sollte es einmal besser haben als sein Vater. Darum schickte ihn die Witwe nach dem Tod des Mannes zu ihrem Schwiegersohn Alexander Biller, einem berühmten Mann in Bamberg, der sich kaiserlich und fürstlich privilegierter Okulist nannte sowie Stein- und Bruchschneider, also im Prinzip denselben Beruf ausübte wie sein verstorbener Schwiegervater.

Zehn Jahre lernte Johann bei ihm. Dann entschloß er sich plötzlich, ins Kloster zu gehen. Seine Mutter und Geschwister, aber auch der gestrenge Lehrer und Meister glaubten, ihm nicht abraten zu dürfen, wenn er sich dem Dienst Gottes weihte. Nicht lange allerdings währte dieser fromme

Traum. Johann mußte bald erkennen, daß nicht in der stillen Klosterzelle sein Platz war, sondern in der von Tat und Drang erfüllten Welt. Dort wollte er seinen Mitmenschen mit jenen Kenntnissen und Fähigkeiten beistehen, die er bei Biller erlernt hatte.

Die Eisenbarth-Forschung hat in den letzten Jahrzehnten ein farbenfrohes Bild jenes Mannes geschaffen, der so lange zu Unrecht geschmäht war und doch zu den berühmtesten Ärzten deutscher Zunge gerechnet werden muß. In den verschiedenen Archiv-Akten fand sich eine Fülle von Flugblättern, Anerkennungsschreiben, Diplomen, Zeitungsanzeigen und handschriftlichen Notizen, genug, um Eisenbarths ebenso turbulentem wie erfolgreichem Leben im einzelnen nachgehen zu können.

1685 legte er seine Gehilfenprüfung ab. Ein Jahr darauf richtete er an Herzog Friedrich von Sachsen-Altenburg das schon erwähnte Gesuch um die Erlaubnis zur Ausübung des bei Biller gelernten Berufes. Wenn sich die Bader und Bartscherer auf bloße Wundversorgung, Aderlassen, Schröpfen, Klystieren und Zahnbrechen beschränken mußten, so oblagen den Stein- und Bruchschneidern regelrechte Operationen wie Amputieren von Körperteilen, Entfernen von Geschwüren und Geschwülsten aller Art, Beseitigung von Bruchschäden, Ausschneiden von trockenem und feuchtem Brand, Heilen vom Star und anderen Augenleiden sowie die Behandlung von Knochenbrüchen. Dazu brauchte Eisenbarth eine eigene Genehmigung durch den Landesherrn. Sie wurde ihm nach sorgfältiger Prüfung erteilt. Zukünftig konnte er in allen Städten und Flecken des Landes seine Künste erproben und Wundsalben, Augenstein und Mithridat feilhalten. Letztere Medizin war ein wirksames Gegengift in ganz bestimmten Fällen und wurde nach Vorschrift von Damokrates, dem Leibarzt des römischen Kaisers Nero, hergestellt. Andere, den Apothekern vorbehaltene Arzneien, durfte Eisenbarth nicht ausgeben und auch keine Rechte der eingesessenen Bader verletzen. Die fürstliche Erlaubnis galt nur, wenn die örtlichen Behörden ihre ausdrückliche Einwilligung dazu gaben, daß der Wanderarzt auf den jeweiligen Jahr- und Wochenmärkten auftrat. Er hatte dort seine Schaubude wie andere fahrende Leute auch, mit denen er in direkten Wettbewerb trat. Ihm mußte daran liegen, daß sich möglichst viel schaulustiges Volk vor seiner Bude sammelte. Dazu war ihm jedes marktschreierische Mittel recht. Zuerst sorgte er dafür, daß man auf sein Kommen überhaupt aufmerksam wurde. Das geschah durch reißerische Plakate und Flugblätter, die mit Vorschußlorbeeren nicht geizten. Am Tag seiner Ankunft tummelten sich auf dem Podium seiner Schaubühne närrisch aufgeputzte Ausrufer und rühmten seine sensationellen Operationen, seine Wunderheilungen und seine unerreichten Arzneien. Die Ausrufer wurden abgelöst von amtlich wirkenden Vorlesern, die das lauschende Volk mit den zahlreichen Anerkennungsschreiben und Privilegien ihres Brotgebers bekanntmachten. Dann rückte Musik mit Schalmeien, Flöten, Klarinetten, Trommeln und Trompeten an. Um die Musiker herum sprangen Heiducken und Hanswurste. Und wenn die Spannung des Publikums aufs höchste gestiegen war, fuhr er selbst im Prunkwagen vor. Nach allen Seiten hin huldvoll grüßend, entstieg er dem glänzenden Gefährt. Er war in einen purpurnen Rock gekleidet, angetan mit einer mächtigen Allongeperücke, schwenkte stolz den Ärztestab und stellte sich den Neugierigen vor: »Ich bin der berühmte Eisenbarth!« Dann erst begann die eigentliche Schau. Aus seinem Gefolge, das oft 120 Personen umfaßte, begaben sich nacheinander Feuerspeier, Degenschlucker, Schlangenbeschwörer, Zauberer,

Zwerge und Riesen auf die Bühne, um dort ihren Schabernack zu treiben. Eisenbarths Absicht war erreicht. Jetzt hatte er den anderen Schaustellern die Leute weggelockt, jetzt konnte er mit seiner ärztlichen Tätigkeit beginnen.

Die Patienten stiegen nun auf das Podium. Die leichteren Fälle behandelte Eisenbarth gleich vor dem gaffenden Volk, weil er so des Beifalls sicher war. Schwierige Operationen nahm er im Zelt, im Marodenwagen oder bei den Kranken zu Hause vor. Da ohne Narkose geschnitten und gesägt werden mußte, waren Schmerzenschreie unvermeidlich, darum hatte die Musik so laut zu spielen, daß sie alles andere übertönte. Die Possen und derben Witze nahmen vielen Kranken die Angst weg, auch vor der Öffentlichkeit schreckten sie sich nicht; denn diese war ja die Gewähr dafür, daß der Arzt keinen offenkundigen Fehler beging und zum mindesten keinen begehen durfte. Meistens war der Stadtmedicus als Kontrollinstanz anwesend. Und er mußte das Können seines Wanderkollegen zwar nicht neidlos, so doch zähneknirschend anerkennen. Ein Röchlitzer Amtszeugnis bestätigte Eisenbarth zum Beispiel die geglückte Kur bei zwölf Patienten.

Sein Ruhm mehrte sich rasch. Schon 1689 erteilte ihm Fürsterzbischof Anselm Franz von Mainz ein Privileg für Erfurt und die mainzischen Besitzungen in Thüringen, sofern er das Bürgerrecht von Erfurt erwerbe. Und tatsächlich vermerkte das Erfurter Ratsprotokoll kurz darauf: »Dr. Eisenbarth, ein Bruchschneider, ist am 2. Februar 1689 Bürger geworden.« Er selbst bezeichnete sich wohlweislich nie als Doktor, ließ sich aber den Titel gern gefallen. Heute wissen wir, daß er in mehr als hundert Städten gewirkt hat, und zwar lagen diese in ganz Deutschland verstreut: Weimar, Neumark, Buttstätt, Rastenburg, Ilmenau, Dresden, Leipzig, Würzburg, Wetzlar, Bamberg und Magdeburg sind darunter, um nur die wichtigsten zu nennen. Auch in Magdeburg erwarb er das Bürgerrecht und wurde Untertan des Kurfürsten von Brandenburg und späteren Königs Friedrich I. von Preußen. Von diesem erhielt er den klingenden Titel: »Dero kgl. Majestät wirklicher Landarzt«. Wie sehr ihn der König von Preußen schätzte, erhellt daraus, daß dieser ihn 1716 nach Stargard berief, damit er dort den durch eine Kriegsverletzung halberblindeten Oberstleutnant von Grävenitz einer Augenoperation unterzog. Einem Pfuscher und bloßen Marktschreier, als den Eisenbarth mißgünstige Amtsmediziner gern hinstellten, hätte der König kaum die Gesundheit eines seiner tüchtigsten Offiziere anvertraut. Aus dem armen Bayern war ein reicher Preuße geworden, der es sich leisten konnte, das stattliche Haus »Zum güldenen Apfel« in Magdeburg um 3100 Taler zu erwerben. Er legte den Kaufpreis bar hin. Auf demselben Grundstück steht heute das »Haus des Rates der Stadt Magdeburg«.

Drei Söhne und eine Tochter wuchsen in dem neuen Heim heran. Der älteste Sohn studierte Medizin und erlangte die akademischen Grade, aber nicht die Berühmtheit des Vaters. Der jüngere lernte beim Vater und übernahm später seine Praxis. Die Tochter heiratete den angesehenen Advokaten Johann Friedrich Müller. Damit wurde sie sechsfache Hausbesitzerin. Der Vater aber konnte das Heilen und Kurieren nicht lassen. Von Magdeburg aus unternahm er viele Wanderfahrten zu Menschen, die auf seine Hilfe warteten. So kam er unter anderem nach Hannoversch-Münden, wo er im »Wilden Mann« des Gastwirts und Bäckers Schepeler ordinierte. Der Strom der Patienten wollte nicht abreißen, bis zuletzt einer vor ihm stand, der nach ihm die knöcherne Hand ausstreckte und ihn nicht mehr losließ. Am 11. November 1727 starb Johann Andreas Eisenbarth.

Franz Karl Cura

Hofkaminkehrermeister und Partisan

In einer stürmischen Neumondnacht des Monats Oktober Anno 1742 schlich sich eine Handvoll vermummter Männer durch Haus und Garten des Neuöttinger Bürgers Tilliz Schmidt in die Stadt, wo im Seidlbräu eine österreichische Patrouille, bestehend aus einem Offizier und zehn Husaren, Quartier genommen hatte. Der Seidlbräu, sonst ein sparsamer, fast geiziger Mann, stillte den Durst seiner bis auf die Zähne bewaffneten Gäste mit einem Banzen Bier. Er wußte, daß sie ihre Zeche nicht bezahlen würden. Aber er machte gute Miene zum bösen Spiel und schickte, als sie schon betrunken in der Wirtsstube herumtorkelten, seinen Hausknecht nach Altötting, wo sich gerade der Hofkaminkehrermeister Franz Karl Cura aufhielt.

Cura hatte sich mit einigen Jägern und Schützen zusammengetan, um auf eigene Faust gegen die unter Führung des Generals von Bernklau in Bayern eingefallenen Österreicher zu kämpfen. Die Vorhut der kurfürstlich bayerischen Armee stand noch in Mühldorf und war im Begriff, auf das von den Österreichern besetzte Burghausen vorzurücken. Zwischen den beiden benachbarten Völkern, Bajuwaren diesseits und jenseits der Grenze, war Krieg ausgebrochen, weil sich ihre Fürsten um die Erbfolge in den österreichischen Kronlanden stritten. Diese beanspruchte der bayerische Kurfürst Karl Albrecht als Vetter Maria Theresias und berief sich dabei auf einen Ehevertrag von 1547, demzufolge Bayern die Erbfolge in Österreich beim Aussterben der männlichen Linie antreten sollte. Maria Theresia hingegen wies nach, daß auch die weibliche Linie, also sie selbst, das Erbrecht besaß.

Für diesen dynastischen Hader mußten Tausende von Menschen Leben und Gesundheit opfern. Zuerst fielen die Bayern in Österreich ein, dann die Österreicher in Bayern. Das Militär ließ es dabei nicht an Grausamkeit fehlen. Auf der österreichischen Seite kämpften zum Beispiel die Panduren, kroatische Reiter aus Nieder-Ungarn, die vor keinen Greueln zurückschreckten. Dagegen setzten sich Cura und seine Kameraden zur Wehr, indem sie wiederholt die Panduren aus dem Hinterhalt überfielen und niedermachten. Die Truppe um Cura war kein reguläres Militär und hatte zu gewärtigen, daß sie bei einer Gefangennahme aufgehängt wurde. Denn Partisanen, und um solche handelte es sich zweifellos bei den Jägern und Schützen Curas, standen außerhalb des Kriegsrechts. Aber der Partisanenhauptmann sagte sich, die Nürnberger hängen keinen, bevor sie ihn haben, und hob die völlig überraschten Husaren im Seidlbräu zu Neuötting mitsamt ihrem Offizier aus. Ohne daß sie noch zur Gegenwehr kamen, mußten sich die Österreicher als Gefangene ins Lager der bayerischen Vorhut schleppen lassen.

Befehlshaber der bayerischen Vorhut war der Feldzeugmeister Prinz von Hildburghausen. Verwundert betrachtete er das Häuflein der waghalsigen Guerillas, deren Anführer, ein biederer Kaminkehrermeister, ihm noch dazu vorschlug, schon am nächsten Tag das von den Österreichern besetzte Burghausen zurückzuerobern. Cura kannte in Burghausen und auch in der Burg jeden Steig, jeden Schlupf, jedes Gatter und jedes Tor. Ihm war auch bekannt, wo die bayerischen Truppen über die reißende Alz setzen mußten, nachdem österreichische Husaren die Brükke bei Hohenwarth abgebrannt hatten.

Rasch entwarf Cura den Plan zur Eroberung der Stadt: Überwältigen der Wache am Öttinger Tor, Eindringen in die Burg und von dort aus in die Stadt über das Sperrgatter am Stadtgangsteig. Der Feldzeugmeister staunte. Einen solchen Kaminkehrer hatte er bisher nicht kennen gelernt, in dem ein derartiges strategisches Talent steckte. Hätte der Prinz von Hildburghausen gewußt, wie Cura die letzten Monate zugebracht hatte, wäre er allerdings nicht verwundert gewesen. Mit fünfzig beherzten Männern hatte er sieben Wochen lang im Burghauser Rentamtsdistrikt die vorrückenden Österreicher fast zur Verzweiflung gebracht. Er war ihnen wiederholt in den Rücken gefallen und die Ursache gewesen, daß 127 Österreicher nicht mehr lebend in ihr Quartier zurückkehrten.

Cura kannte das Gebiet wie seine Hosentasche, erstreckte sich doch der Bezirk des Burghauser Hofkaminkehrermeisters bis zu den kurfürstlichen Schlössern im Innviertel Mattighofen, Mauerkirchen und Uttendorf sowie zu den Privatkundschaften diesseits und jenseits der Salzach. Überall dorthin mußte er reiten, darum war es für ihn ein Kinderspiel, als er mit einem ihm beigegebenen Rittmeister und einem Leutnant zu Pferd die Hochwasser führende Alz durchquerte. Und vollends bei dem folgenden Überfall auf Burghausen stellte er seinen Mann.

Man schrieb den 16. Oktober 1742. Im Morgengrauen eroberte Cura mit nur 40 Grenadieren zu Pferd, einem Rittmeister und einem Leutnant, die ihm beigegeben waren, im Handstreich die Burg und eröffnete auch den Weg in die Stadt. Dort jedoch trafen sie auf heftigen Widerstand; denn im Gasthof zur Krone hatten sich 92 Kroaten und Panduren postiert, die über zwei Stunden dermaßen aus den Fenstern feuerten, daß sich kein Mensch mehr auf dem Platz sehen lassen konnte. Aber auch hier wußte Cura Rat. Er erbrach die Haustüre, holte Stroh vom Stall und entzündete es am Fuß der Stiege, so daß die Feinde gezwungen waren, sich in die Zimmer zurückzuziehen. Daraufhin traten Cura und seine Leute das zusammenfallende Feuer zusammen, sprangen über die Stiege hinauf und lieferten sich mit den Kroaten und Panduren, die keinen Pardon hatten annehmen wollen, einen Nahkampf grausamster Art. In seinen später niedergeschriebenen Kriegserinnerungen »Promemoria« schildert Cura mit knappen Worten dieses Gemetzel: »Da soll ein Mensch dieses Würgen angesehen haben. Einem wurde der Kopf gespalten, der andere wurde von der Schulter bis auf das Herz auseinandergehauen, dem dritten ein Arm abgeschlagen, der vierte erstochen, der fünfte mit dem Karabiner erschlagen und so fort. Nach diesem Blutbad verblieb uns nebst anderem die Stadt und das Schloß zur Beute.«

Ob sich die streitenden Fürsten ein Gewissen aus den unseligen Folgen ihrer Zwietracht machten, steht in den Aufzeichnungen Curas nicht geschrieben. Diese lassen allerdings keinen Zweifel an seiner eigenen Einstellung der verwilderten Besatzungstruppe gegenüber. Er betrachtete seinen Kampf als Notwehr gegen die Soldateska aus den magyarischen und slawischen Kronländern Österreichs, die über das bayerische Land herfielen wie die Heuschrecken. Noch heute künden Votivtafeln in alten Wallfahrtskirchen wie in Schildthurn, in der Samarei und in Altötting von dieser gnadenlosen Zeit, da allerorts Höfe und Scheunen in Flammen aufgingen, Männer massakriert, Frauen geschändet und Kinder abgeschlachtet wurden wie Vieh.

Damals bildeten sich in Oberbayern und Niederbayern die sogenannten Freikompanien zur Verteidigung der gequälten Heimat. Aus dem Einzelkämpfer und Partisanen Cura wurde nun der Korporal im Schützen- und Jägerkorps des Freiherrn von Prielmayer. Bis zum 4. Februar 1743 trotzte das 360 Mann starke Korps 7000 Österreichern. Aber General Bernklau forderte Verstärkung aus Österreich an und den anrückenden neuen Regimentern konnte das schwache bayerische Freischärlerdetachement nicht länger Widerstand leisten. Es löste sich auf.

Für Cura war allerdings die Kampfzeit noch lange nicht zu Ende. Er führte anschließend seinen eigenen Privatkrieg mit 64 Mann, die sich seiner Führung freiwillig unterstellten. In Wäldern, Hohlwegen und anderem für den Gegner gefährlichen Gelände tauchten diese bayerischen Partisanen plötzlich vor den überrumpelten Österreichern auf und eröffneten auf sie das Feuer. Starke Abteilungen der Okkupationsarmee machten Jagd auf die Franktireurs, ohne ihrer habhaft zu werden. Da schließlich für Cura keine Chance mehr bestand, in der Burghauser Gegend weiterhin ungeschoren zu bleiben, versah er sich mit zwei guten Pferden und ritt wohlbewaffnet zur kurbayerischen Armee, wo er in das ihm seit dem Überfall auf das Burghauser Schloß bekannte Regiment »Die Kaiserin« der Grenadiere à cheval eintrat und sich dort durch tollkühne Reiterstückchen hervortat.

Der 27jährige war aber nicht etwa ledig, so daß er es sich hätte leisten können, mir nichts dir nichts Hals und Kragen zu riskieren, sondern er hatte Frau und vier Kinder. Überdies bestritt er die Kosten für seine Ausrüstung und Verpflegung selbst. Mag wohl auch Abenteuerdrang sein Handeln beeinflußt haben, der ausschlaggebende Beweggrund dafür war sicher seine Liebe zu dem in höchster Gefahr befindlichen Vaterland. Ohne Kriegsnot wäre er immer der friedliche Kaminkehrermeister geblieben. Es hielt ihn nicht lange bei der regulären Truppe, in der er nur einer von den vielen war. Im Herbst 1744 verließ er das Regiment in Ehren, nachdem ihm dessen Kommandeur einen Pallasch geschenkt hatte mit der in Gold gefaßten Inschrift »Pro Deo et Cäsare« (Für Gott und Kaiser). Damit war auf die Rückeroberung Burghausens angespielt, bei der Cura eine so entscheidende Rolle gespielt hatte.

Aber Burghausen war seit dem 9. Mai wieder in feindlicher Hand. Das bedeutete für den Kaminkehrer neuen Kummer und neue Sorge, lebte doch seine Familie in dieser Stadt. Der Gedanke daran ließ ihm keine Ruhe mehr, um so weniger, als die Österreicher eigentlich schon über die Grenze zurückgetrieben waren und sich nur noch in Burghausen halten konnten. Da es den verantwortlichen Militärs äußerst schwierig erschien, das zum letzten Bollwerk der Österreicher in Bayern ausgebaute Burghausen zu überwältigen, entwarf Cura wiederum einen bis ins einzelne gehenden Angriffsplan und legte ihn abermals dem Prinzen von

Hildburghausen vor. Sieben Stunden lang examinierte der Kriegsrat des Feldzeugmeisters den Mann, der sich erbot, Burghausen in einem Zeitraum von längstens drei Stunden zu Fall zu bringen, und nicht nur das, sondern auch den Angriff an der gefährlichsten Stelle selbst anzuführen.

Dies geschah am 18. November 1744, als er mit einem Stoßtrupp auf Sturmleitern in das Schloß eindrang und die dortige Besatzung von 327 Mann zur Kapitulation zwang. Unterdessen beschoß bayerische Artillerie die Stadt nebst ihren Schanzen. Das Gros der Truppen aber setzte zum Sturm an. Nach zwei Stunden war Burghausen befreit und die größte Waffentat des Krieges vollbracht – mit Hilfe eines Zivilisten.

Für die Eroberung der Stadt Burghausen ließen sich feiern und befördern: der Generalwachtmeister St. Germain zum Feldmarschalleutnant, der Oberstleutnant La Rosée vom Regiment Törring zum Obristenhauptmann, Hauptmann de la Roche vom Dragonerregiment Mortaigne zum Oberstleutnant und Generaladjutanten des Kaisers Karl Albrecht. Mit keinem Wort wurde in dem Schlachtbericht das Verdienst des Kaminkehrermeisters um die Eroberung von Stadt und Festung erwähnt, sonst wäre es ja gar nicht gerechtfertigt gewesen, die Offiziere zu befördern. Wohl attestierte der Feldzeugmeister dem Kaminkehrer »ersprießliche Verdienste« bei der Wiedereroberung Burghausens, doch alsbald schob man den unbequemen Freischärler mit einem ehrenvollen Auftrag nach Braunau ab. Von dort schickte man ihn an den Lechübergang zwischen Augsburg und Friedberg, wo desertierende Hessen auf die bayerischen Truppen schossen; Cura wurde am Knie verwundet. Noch während er in einem Augsburger Hospital lag, schloß der achtzehnjährige Sohn des am 20. Januar 1745 gestorbenen Kaisers Karl Albrecht den Frieden zu Füssen,

in dem er für ewige Zeiten auf die österreichischen Kronlande verzichtete und dafür Kurbayern ungeschmälert zurückerhielt.
Der Hofkaminkehrermeister Franz Karl Cura kehrte nach Kriegsende zu den verrußten Kaminen auf Schloß Burghausen zurück. Ihm war der Dank des jungen Landesherrn gewiß. Er bestand darin, daß Cura eine freie Dienstwohnung auf der Burg im Röhrenkehrerturm zugestanden wurde, daß er jährlich drei Scheffel Korn und vier Klafter Holz bezog und das Recht erhielt, Weißbier in seinem Turm auszuschenken. Von den 1700 Gulden, die er für seine Partisanentätigkeit aufgewendet hatte, war keine Rede mehr. Das Volk erfand eine rührende Fabel von der Audienz des Kaminkehrers beim Kurfürsten; für den Nachweis einer solchen Audienz existieren aber keinerlei historische Unterlagen. Schließlich war im Zeitalter des Absolutismus der unumschränkte Herrscher zu einem solchen Gnadenerweis gar nicht verpflichtet. Er besaß vielmehr Anspruch darauf, daß Untertanen für ihn nicht nur ihr Blut, sondern auch ihr Gut opferten.

Joseph Kaspar Thürriegel

Vizekönig der Sierra Morena

Der alte Thürriegel zu Gossersdorf im Bayerischen Wald schüttelte gerade Zwetschgen vom Baum, als ein prächtig gekleideter Kavalier auf ihn zutrat und ihn fragte, ob er der Bauer des Hofes sei. Ein seltsames Deutsch sprach der Kavalier, mit ausländischen Brocken gemischt. Aber so viel verstand der Alte, daß der Fremde zu ihm wollte. Er führte ihn hinein ins Haus. Dort übergab ihm der andere eine prall gefüllte Geldkatze und ein Porträt, von dem er die schützende Hülle abgenommen hatte. Das Bild stellte einen spanischen Oberst dar. »Dös is ja unser Seppl!«, staunte der Bauer mitsamt seinen Familienangehörigen. Unter das Bild hatte der königlich spanische Oberst Joseph Kaspar Thürriegel, so unterzeichnete er sich mit Namen, noch etwas geschrieben. Der Bauer entzifferte es mühsam, nachdem er sein Spekuliereisen aufgesetzt hatte: »Den 24. Juli anno 1769 vollendete ich den mit Seiner Königlichen Majestät von Spanien geschlossenen Vertrag, kraft welchem 7321 Familien aus Deutschland zur neuen Kolonie der Sierra Morena eingeführt und vom König aufgenommen worden sind.«

Daß es der Schulbub Joseph Kaspar noch einmal so weit bringen würde, hätte außer dem Bräuverwalter Vogel wohl niemand für möglich gehalten. Vogel traute ihm schon damals mehr zu, als er in der Dorfschule gelernt hatte, und nahm ihn zu sich auf die Schreibstube der Brauerei, wo der kleine Seppl Tag für Tag, Woche für Woche, Monat für Monat das niederschrieb, was ihm der Brauereiverwalter in die Feder diktierte. Der Text lautete immer gleich: Es handelte sich um den Einkauf von Hopfen und Gerste sowie um den Verkauf von zahlreichen Bierfässern, manchmal auch um Mahnbriefe, wenn die säumigen Wirte nicht zahlten.

Natürlich wurde das dem Seppl eines Tages zu langweilig, und er schaute sich um einen anderen Posten um, der interessanter war. Den fand er auf dem Pfleggericht Mitterfels. Und er hatte noch dazu das Glück, dort einen Mann kennenzulernen, der ihm für sein ganzes Leben zum Schicksal wurde, den Eisenamtmann Johann Michael Gschray. Der verstand nicht nur, gut mit dem Federkiel, sondern auch mit der Büchse umzugehen. Und als der Österreichische Erbfolgekrieg zwischen dem bayerischen Kurfürsten Karl Albrecht und dessen Base Maria Theresia von Österreich ausbrach, stellte Gschray eine Freikompanie von lauter Gerichtsdienern auf, der auch der 19jährige Thürriegel beitrat. Das war anno 1741. Der Schreiber von Mitterfels bekam jetzt Gelegenheit, seinen Mut und seinen Verstand zu beweisen, so daß ihm der Kurfürst eine Offiziersstelle im bayerischen Heer anbot.

Aber schon war dem Fürsten der französische Oberstleutnant de Barreau zuvorgekommen. Als Angehöriger des verbündeten französischen Heeres war er in Mitterfels mit Thürriegel bekannt geworden. Er empfahl ihn für das aus lauter Deutschen bestehende französische Regiment von der Marck als Kadetten. Thürriegel avancierte rasch zum Leutnant, und, ehe er sich's versah, wählte ihn der französische Marschall Moritz von Sachsen als seinen Adjutanten aus. Und dann blieb Thürriegel in den Kanzleien des französischen Generalstabs sitzen. Durch seine Hand ging die ganze Kundschafterkorrespondenz von und nach Deutschland. Er verfaßte auch sämtliche Instruktionen für die Sendlinge im Feindesland. Manchmal war er selbst als Agent tätig sowohl im Erbfolgekrieg als auch im Siebenjährigen Krieg. Er wurde unentbehrlich als Leiter der Kundschafterabteilung, das heißt, der französischen Spionage wie auch Spionageabwehr. Seine Tätigkeit fiel ihm nicht schwer, weil er in einem Bezirk des Bayrischen Waldes gelebt hatte, wo sich Schmuggler und Wilderer die Hand reichten.

Thürriegel muß Tüchtiges geleistet haben, sonst wäre er nicht schon nach kurzer Zeit zum Oberleutnant befördert worden. Ihn wurmte nur, daß er nicht in offener Feldschlacht seinen Mann stellen durfte. Aber die Franzosen wußten keinen besseren für ihre Kundschafterabteilung als ihn. Da griff der frühere Eisenamtmann Gschray zum zweitenmal entscheidend in sein Leben ein. Gschray wechselte soeben den französischen Kriegsdienst mit dem preußischen und überredete Thürriegel, seinem Beispiel zu folgen. Von einem Lager ins andere überzutreten, galt bei den Militärs des 18. Jahrhunderts als keine Schande, sondern als selbstverständliches Arrangement, wenn man sich dadurch berufliche Vorteile sicherte.

Der Preußenkönig Friedrich ernannte Gschray in der Folge

zum Oberst und Thürriegel zum Oberstleutnant. Jeder von ihnen hatte ein Freikorps mit je sechs Schwadronen und sechs Kompanien Infanterie aufzustellen. Pro Reiter bekamen sie 100 Taler Kopfgeld, pro Infanteristen 60 Taler. So warf ihr Handel mit Soldatenvolk einen stattlichen Gewinn ab. Da Thürriegel seine Truppe lange vor dem ehemaligen Vorgesetzten auf die Beine stellte, erwachte in diesem die Eifersucht. Darum verdächtigte der Oberst den Oberstleutnant, er unterhielte mit der französischen Spionage noch geheime Verbindung. Das kostete Thürriegel beinahe den Kopf. Ohne jegliches Verhör wurde er verhaftet und auf die Festung Magdeburg eingeliefert, die er erst zwei Jahre später als freier Mann verließ, nachdem er sich von dem schweren Verdacht des Verräters reingewaschen hatte. Damit stand einer Beförderung nichts mehr im Wege. Doch der Friede von Hubertusburg anno 1763 machte viele Soldaten, unter ihnen auch Thürriegel, arbeitslos. Als preußischer Oberstleutnant a. D. hatte er jetzt Zeit genug zum Nachdenken. Er erinnerte sich an die französische Übersetzung eines von dem Spanier Don Pablo Olivades verfaßten Buches über die Kolonialisierung Andalusiens. Olivades schrieb darin unter anderem, daß schon unter König Philipp III. ein Plan bestanden hätte, die durch die Vertreibung der Mauren entvölkerten Gebiete Südspaniens von auswanderungslustigen Bayern besiedeln zu lassen. Damals, im Jahre 1610, war der Plan gescheitert, doch Olivades griff ihn wieder auf und schlug zur Kolonisation die Sierra Morena vor, den vierhundert Kilometer langen Steilabfall des innerspanischen Hochlandes zum andalusischen Tiefland.

Noch war sein Vorschlag reine Theorie, die erst verwirklicht werden mußte. Thürriegel beschloß, das zu tun. In preußischer Offiziersuniform reiste er nach Spanien, wo er bei König Karl III. um Audienz nachsuchte. Da Karl die französische Sprache beherrschte und der Bayer sie ausgezeichnet sprach, wurden sie bald handelseins. Der spanische König ernannte Thürriegel zum Oberst und gab ihm Blankovollmacht zur Anwerbung deutscher Siedler für die Sierra Morena.

Ausgerüstet mit einem königlichen Patent und reichen Geldmitteln, ging Thürriegel ans Werk. Zuerst verfaßte er eine Schrift mit dem Titel »Glückshafen oder reiches Schatzkästlein, welches der spanische König zum Trost und Nutzen aller Taglöhner und Handwerksleute aufgeschlossen hat«. Der Traktat wurde vor allem in Bayern unter der auswanderungslustigen Bevölkerung verbreitet und fand starke Beachtung, um so mehr, als das Land noch immer unter den Folgen des Erbfolgekrieges litt. Sehr zustatten kam Thürriegel zum Beispiel auch, daß damals Dienstboten ohne eigenen Besitz nicht heiraten durften. Ihnen mußte das Schatzkästlein des spanischen Königs wie eine wunderbare Hilfe in höchster Not vorkommen, wurde ihnen doch in Spanien eigener Grund und Boden in Aussicht gestellt.

So wanderten viele bayerische Knechte und Mägde nach Spanien aus, das ihnen Thürriegel als Paradies unter ewig blauem Himmel geschildert hatte. Von Nachteilen, wie von dem im Gebiet der Sierra Morena grassierenden Sumpffieber, sprach er lieber nicht, auch nicht davon, daß die Siedler Steuern zahlen mußten wie daheim, und davon, daß der Zehent und sonstige Abgaben für den ihnen überlassenen Grund zu entrichten waren. Und vor allem gehörte das von ihnen besiedelte Grundstück auch weiterhin der Krone. Sie hatten lediglich die Nutznießung des Bodens. Trotzdem ließen es sich die Kolonisten nicht verdrießen, sondern verwandelten die Wüstenei in fruchtbares

Acker- und Gartenland, auch kleine Städte entstanden in dem Siedlungsgebiet, wie Carlotta, Carolina und Louisiana.

Ganz begeistert von dem Wirken der deutschen Siedler schrieb Don Vincente Imperiali an den Herzog von Belfort einen langen Brief, in dem er von den anmutigen Landschaftsbildern in der Sierra Morena sprach und den stattlichen Flecken mit blühenden Äckern und Fluren. Die Hauptstadt Carolina sei eine der hübschesten Städte in Europa, schwärmte Imperiali. Sie sei von Mauern mit acht Stadttürmen umgeben und, wer hier leben dürfe, fühle sich wie in den »schönen Sphären des Saturns«. Dies war zu einer Zeit, da Thürriegel mit Ehren überhäuft wurde und den Titel Vizekönig der Sierra Morena führte, ob zu Recht oder Unrecht, steht dahin.

Und doch war nicht alles so, wie es sein sollte. Als das Sumpffieber viele der Einwanderer wegraffte, gab es zahlreiche Witwen und Witwer, die wieder heiraten mußten, sollten sie ihrer neugeschaffenen Existenz in Spanien nicht verlustig gehen. Da sie immer noch streng abgeschieden von der spanischen Bevölkerung lebten, war es für sie sehr schwer, die fehlende Ehehälfte zu finden. Dies Problem löste Thürriegel auf einfache, zu einfache Art. Er setzte durch, daß sich für Ehewillige die Tore der spanischen Zuchthäuser öffneten und Personen beiderlei Geschlechts in die verwaisten Ehebetten stiegen. Das trug nicht gerade dazu bei, paradiesische Zustände in der Sierra Morena zu schaffen. Aus Halunken und Pferdedieben wurden mit dem Trauungsakt nicht sofort biedere Ehemänner und aus Dirnen und Spitzbübinnen keineswegs treffliche Familienmütter. Bald zeigten die stolzen Andalusier mit dem Finger auf die von ihnen schon im Anfang so gering geschätzten Kolonisten. Dazu kam noch der religiöse Fanatismus der strenggläubigen spanischen Katholiken. Hunderte von Einwanderern, vor allem aus der Pfalz und Schwaben, waren evangelischer Konfession. Das bedeutete in Spanien Gefahr für Leib und Leben.

Hier herrschte noch das Generaltribunal der Inquisition über den Kopf des Königs hinweg. Die Inquisition war 1479 mit päpstlicher Genehmigung für Spanien erneuert worden und richtete sich in erster Linie gegen die als Ketzer verdächtigten Moriscos und Juden, die man gewaltsam zum Christentum bekehrt hatte. Aber auch Evangelische galten als Ketzer. Darum quälten spanische Priester evangelische Einwanderer mit Schikanen aller Art, aber was noch schlimmer war, sie übergaben viele Kolonisten dem Generaltribunal zur Aburteilung. Die Strafen der Inquisition reichten vom Auspeitschen bis zu Kerker und Feuertod, wurden aber nicht von der Inquisition selbst, sondern von der weltlich-staatlichen Obrigkeit vollstreckt.

Sogar Don Pablo Olivades, der Günstling des Königs, fiel der Inquisition zum Opfer. Da er evangelische Einwanderer ins Land gerufen hatte, mußte er dafür büßen. Das Generaltribunal erkannte gegen ihn auf ewige Klosterhaft. In dieser Zeit verlieren sich die Spuren Joseph Kaspar Thürriegels. Niemand sprach mehr über ihn, niemand schrieb mehr über ihn. Er wurde totgeschwiegen. Höchstwahrscheinlich verschwand auch er wie Olivades in einer Klosterzelle oder wurde gar in den Kerker geworfen.

Sein Werk in der Sierra Morena aber bestand weiter. Im Jahre 1843 entdeckte der französische Schriftsteller Théophile Gautier dort noch zahlreiche Spuren der in den Jahren 1753 bis 1769 eingewanderten Deutschen. Er berichtete in seinen Reiseschilderungen von blonden, blauäugigen Männern und Frauen, die er angetroffen hatte. Heute finden sich solche Spuren nicht mehr und kein Mensch versteht in der Sierra Morena noch deutsch. In Carolina, dem einstigen Mittelpunkt der deutschen Kolonie, weiß nicht einmal der Bürgermeister, wer der Stadtgründer war. Daß er Thürriegel geheißen hat, steht nur noch in vergilbten Pergamenten.

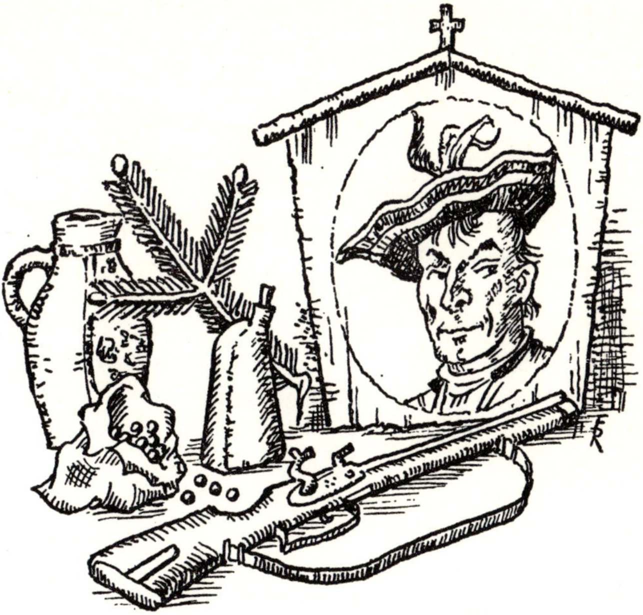

Matthias Klostermayer

Der Bayerische Hiasl

Die in Ulm versammelten Räte, Botschafter und Gesandten des Schwäbischen Kreises faßten am 22. Juni 1769 einen folgenschweren Beschluß, der sich vor allem gegen Matthias Klostermayer von Kissing im Lechrain richtete. Dieser war der Sohn eines Schweinehirten und wurde von der Bevölkerung der Bayerische Hiasl genannt. Im Ulmer Beschluß war die Rede von höchst schädlichen Wilderern und Wildbretdieben in den oberen Landen zwischen Lech, Iller und Donau. Wörtlich hieß es:
»Deren Frechheit und Bosheit ist so hoch angestiegen, daß

sie sich unterstanden haben, sich zusammenzurotten, die Straßen unsicher zu machen, in die Forste der Fürsten und Stände dieses löblichen Kreises einzufallen, die auf sie stoßenden Jäger und Forstbediensteten mit Verfolgung und Tod zu bedrohen, mit Schlägen zu mißhandeln, ja gar höchst vermessener Weise ihnen wirklich auf Leib und Leben zu gehen und solche totzuschießen.«

Dann folgte die Aufzählung von gemeinsamen Maßnahmen, die getroffen werden sollten, um der Wilderer habhaft zu werden. Es wurde vereinbart, daß die gleichzeitig erlassene Strafverordnung in allen Herrschaftsgebieten ausnahmslos Gültigkeit haben sollte. Die den Wilderern angedrohten Strafen waren drakonisch: Abhacken der rechten Hand, lebenslängliches Zuchthaus, Tod am Galgen. Dabei versprachen sich die Fürsten und Stände, einander gegenseitig zu unterstützen, wie und wo es nur ging. Was vorher keine Hungersnot, keine Pest und kein Krieg vermocht hatten, die Einigkeit aller schwäbischen Fürsten und Stände, das bewirkte mit seinem Tun und Treiben ein vogelfreier »Erzwilderer«.

Er war einunddreißig Jahre alt, konnte nur mühsam buchstabieren und schreiben, hatte zuerst als Bauernknecht gedient, wurde später gewaltsam als Rekrut ausgehoben, desertierte und scheute sich nicht, wie es in dem von Wiguläus Alois Freiherrn von Kreittmayr, kurfürstlichem Vizekanzler und Konferenzminister, verfaßten Strafrecht heißt, »selbst wild, unsittlich und ein großer Verbrecher zu werden, weil er Tag und Nacht dem Wilde nachlief«.

Um Leben und Taten Matthias Klostermayers rankt sich Geschichte und Sage. Die einen sehen in ihm einen Verbrecher, die anderen einen Helden, und doch war er keines von beiden. Als Verbrechen wurde ihm angekreidet, daß er das Feudalprivileg der Jagd mißachtete, als Heldentum glorifizierten seine Bewunderer, daß er sich wiederholt gegen vielfache Übermacht behauptete, wenn auch mit Gewalttat, Totschlag und Landfriedensbruch. Dabei folgt doch das eine aus dem anderen. Hätte er ungehindert jagen dürfen, wie er wollte, wäre er nie in Konflikt geraten mit Jägern und den gegen ihn ausgeschickten Streifen. Wer möchte ihm, aus der heutigen Sicht betrachtet, verargen, daß jenes Beispiel des bayerischen Kurfürsten, der bei einer einzigen Jagd im Überreiterbezirk Isaregg, Wildmeisteramt Landshut, 92 Hirsche, 7 Hirschkühe und 15 Hirschkälber erlegte, den Jagdlustigen förmlich aneiferte, ein Gleiches zu tun? Noch dazu hungerte der Kurfürst nicht wie er, sondern schoß das Wild zum reinen Vergnügen.

Klostermayers Wilderertum war offener Protest gegen eine feudale Gesellschaftsordnung, die schon das Leben im Mutterleib vorherbestimmte zu Herrschaft oder Knechtschaft. Es ist kaum daran zu zweifeln, daß der Brentan Hiasl, so hieß er nach dem Hausnamen seiner Familie, sich nicht damit begnügt hätte, zu wildern und Büttel abzuwehren, wäre er in die Schule von Rousseau, Montesquieu und Voltaire gegangen. Dann würde er bestimmt an den Säulen dieser Gesellschaftsordnung gerüttelt und versucht haben, sie mit Hilfe Gleichgesinnter zum Einsturz zu bringen.

Sein Nimbus im Volk war so groß, daß nicht nur die vom Wild der Feudalherrschaft heimgesuchten Bauern zu ihm als ihrem Retter emporblickten, auch Bürger, Beamte, Adelige und Repräsentanten des niederen und höheren Klerus schenkten dem kühnen Wildschützenhauptmann ihre Sympathie. Wie hätte er auch sonst jahrelang die gegen ihn aufgestellten Detachements narren und zu Paaren treiben können? Den hochwürdigen Herren war nicht unbekannt, daß Klostermayer sich streng an die kirchlichen

Vorschriften hielt, daß er den Sonntagsgottesdienst besuchte, wenn er konnte, daß er regelmäßig zum Beichten ging und sich dem Fastengebot nicht entzog. Hiasl war gut Freund mit den Pfarrern von Mickhausen, Scherstetten, Klimmach, Linden, Kinghausen, Breitenbrunn, Untermeitingen, Eck, Loppenhausen, Holzgünz, Gennach, Zaisershofen, Bachhagel, Eglingen und anderen Orten. In den Klöstern von Biberach, Wemding, Obermedlingen und Heiligkreuz in Augsburg ging er ein und aus. Die Prälaten von Amendingen und Göllingen schlossen den Hiasl und seine Genossen nicht nur in ihr Gebet ein, sondern stellten sich auch schützend vor sie, wenn es darauf ankam. Natürlich geizte Klostermayer nicht mit Gegendiensten. Er brachte ihnen so manches Stück Wildbret. Teils schenkte er es ihnen, teils verkaufte er es an sie zu festen Preisen, wie auch an Wirte, Händler, Beamte, Ratsherren und andere ehrenwerte Leute. Ein offenes Geheimnis war seine Freundschaft mit dem Pfleger von Pfaffenhausen und den Beamten von Langerringen, von Lamerdingen und Landsberg.

Daß sein Wildererruhm Anno 1770 im Zenit stand, hängt mit der damals herrschenden Hungersnot zusammen. In Bayern verhungerten in diesem Jahr über 62 000 Menschen. Kurfürst Max III. ließ an die Hungernden zweieinhalb Millionen Gulden verteilen und verpfändete mehrere Kunstwerke aus kurfürstlichen Sammlungen in Holland, um Getreide einzuführen. In Schwaben war der Bayerische Hiasl die einzige Hoffnung vieler armer Leute, an die er durch seine Kameraden billiges Wildbret zu einem oder zwei Kreuzern pro Pfund aushauen ließ. Übrigens hätte Klostermayer, abgesehen von seinem Wildhandel, bei dem er keineswegs die Not hungernder Menschen ausnützte, ein steinreicher Mann werden können, wäre er der gewöhnliche Straßenräuber gewesen, als den ihn später die höfische Geschichtsschreibung schilderte.

Die fünfzehnjährige Erzherzogin Marie Antoinette reiste im Mai 1770 nach Frankreich, um in Compiègne mit dem französischen Thronfolger, dem Dauphin Ludwig, getraut zu werden. Unter anderem nahm sie auch in Denzingen, einem schwäbischen Dorf des habsburgischen Stammlandes, Aufenthalt. Heute ist aktenmäßig bekannt, daß Hiasl und vier Kameraden im Stall des »Goldenen Löwen« nächtigten, wo Marie Antoinette mit ihrem glänzenden Gefolge abgestiegen war. Die Wilderer hatten sich als fahrende Musikanten ausgegeben. Ihre »Instrumente« trugen sie in Lumpen eingewickelt, um sie, wie sie sagten, vor der Nässe des Landregens zu schützen. Es wäre ein leichtes für sie gewesen, sich der Dauphine als ihrer Geisel zu bemächtigen und dafür ein ungeheures Lösegeld zu verlangen. Dazu kam es nicht, weil der Erzwilderer und Vagant Klostermayer im Grund seines Herzens ein anständiger Kerl war.

Die Schlinge um den Hals des Wildschützenhauptmanns und seiner Mannschaft zog sich immer enger zusammen. Überall schossen die Streifen, die nach dem Bayerischen Hiasl fahndeten, wie Pilze aus dem Boden. Das Leben für ihn und seine Kameraden wurde härter, schwerer. Jetzt mehrten sich die Fälle, da sie Wildern und Rauben nicht mehr auseinanderhielten. Ein strenger Winter zog ins Land. Wochenlang kamen die Desperados um den Brentan Hiasl nicht mehr aus den Kleidern. Sie jagten auf Wild und wurden selber gejagt wie das Wild. Eingeschüchtert von den Aufrufen und Steckbriefen der Behörden, wagten es viele Wirte nicht mehr, sie als Gäste aufzunehmen, verkauften ihnen die Eisenpraxer und Büchsenspanner nicht mehr Pulver, Blei und Flinten. Also holte man sich das alles

aus den Häusern der Jäger. Die Gesetzesbrecher wurden zu Einbrechern und büßten die moralische Unterstützung des Volkes ein.
Als der Premiermajor Maximilian Gnadenthal in Dillingen zum Entscheidungsschlag gegen sie rüstete und das Kommando dazu dem Premierleutnant Schedel übertrug, gab es für die Hiasl-Leute praktisch keine Chance mehr, ihrem schimpflichen Ende zu entrinnen. Zwar sicherte ein Freyungsbrief, den der Münchner Hofrat für Justiz und Polizei auf Betreiben eines Vetters von Klostermayer erwirkt hatte, Hiasl Freiheit und Leben zu, wenn er bayerische Landeshuld annahm; er machte dies aber davon abhängig, daß Hiasl sich ohne Messer und Gewehr den bayerischen Behörden stellte. Diesen Salvusconductus lehnte der Wildschützenhauptmann in seinem abgrundtiefen Mißtrauen gegen alles, was Zopf und Perücke trug, ab. Er hegte die vermessene Hoffnung, das mit Streitkräften des Schwäbischen Kreiskontingents verstärkte Dillinger Streifenkommando so aufs Haupt schlagen zu können, daß die Dillinger nie wieder gegen ihn ins Feld zogen. Es war der Wunschtraum eines Verzweifelnden.
Premierleutnant Schedel lockte Klostermayer in eine Falle. Am 14. Januar 1714 frühmorgens rückten 300 Grenadiere gegen die Dorfwirtschaft von Osterzell vor, wo die Wildschützen, neun Mann stark, genächtigt hatten. Es entspann sich ein stundenlanger Kampf zwischen den ungleichen Kräften, der damit endete, daß der Bayerische Hiasl dem Premierleutnant zu Füßen stürzte und um sein nacktes Leben bettelte. Dieser Feigheit blieb er auch im folgenden Prozeß zu Dillingen treu. Nachdem ihm der Eisenknecht die Hosen heruntergezogen und 22 Streiche mit der Karbatsche, einer großen massiven Lederpeitsche, über den bloßen Hintern verabreicht hatte, sagte er willig aus und

denunzierte hemmungslos seine besten Freunde und Genossen. Er mußte wissen, daß er damit sein Leben nicht retten konnte. Nur darum ging es jetzt, sich die Folter zu ersparen. Sogar seine Geliebten opferte er, die Hauserin auf dem Glashof, die Wirtstöchter in Untermeitingen, auf Kloster Lechfeld, in Oberostendorf, in Linden und in Lamerdingen. Dort saß die treue Franzl, die vorher mit ihm durch dick und dünn gegangen war. Den Frauenzimmern war ein trauriges Los beschieden. Ihnen wurden die Haare abgeschnitten und sie selbst an den Pranger gestellt; dann wanderten sie ins Zuchthaus.

Vier seiner Kameraden brachen während des Prozesses aus den Blockhäusern von Dillingen aus. An dieser Entschlußkraft zur Flucht gebrach es Hiasl. Er gab, wie der ihn vernehmende Hofrat Baur versicherte, »die schönsten Proben einer vollkommenen Vernünftigkeit« von sich und schwörte auf dem Rathaus einen heiligen Eid, daß er sich getraue, alle Aussagen vor Gott zu verantworten. Allerdings bäumte er sich nach der Verlesung des Todesurteils noch einmal auf und schleuderte seinen Richtern ins Gesicht, fünfzig Jahre nach seinem Tod sei wohl keiner mehr von denen am Leben, die jetzt zu seinem Ende beitrügen. Am 6. September 1771 schlug seine letzte Stunde. Vom mittleren Fenster des Rathauses flatterte das blutrote Tuch, während man den zum Tod Verurteilten in eine nasse Kuhhaut band und diese auf eine von zwei Pferden gezogene Schleife, eine Art Schlitten, legte. Nur der Kopf des Delinquenten schaute noch aus der Hülle und das Kreuz, das er mit beiden Händen umklammerte. Nebenher ging ein betender Kapuziner. An dem Schweinehirtensohn, der es gewagt hatte, die Souveränität des Augsburger Bischofs Clemens Wenzeslaus in Frage zu stellen, rächte sich dieser grausam. In wenigen Minuten war Matthias

Klostermayer erdrosselt, gerädert, enthauptet, ausgeweidet wie ein Schlachtvieh und gevierteilt. Eine Woche lang hing ein Viertel des geschändeten Leibes in Dillingen, ein Viertel in Lamerdingen, ein Viertel in Schwabmünchen und ein Viertel in Füssen. So feierte die hochfürstliche Justiz ihren Triumph.

Nikolaus Luckner

Marschall von Frankreich

Eine Verhandlung des französischen Revolutionstribunals im Dezember 1793. Nikolaus Luckner, pensionierter Marschall von Frankreich, steht vor den Schranken des Gerichts. Nichts mehr erinnert an seinen ehemaligen Rang. Bürger Luckner, wie ihn Coffinhal, Präsident des Tribunals, nennt, ist ein alter gebrochener Mann. In dem vom öffentlichen Ankläger Fouquier-Tinville vorgelegten Anklageakt wird als sein Geburtsort Cham en Bavière (in Bayern) angegeben.
Der Angeklagte kam zur Welt am 12. Januar 1722 als Sohn des Hopfenhändlers und Bierbrauers Luckner, in seinem Nebenamt Kirchen- und Spitalverwalter. In zwei Wochen vollendet Nikolaus Luckner das 72. Lebensjahr,

vorausgesetzt, daß ihm das Revolutionstribunal dazu noch Gelegenheit gibt. Fouquier-Tinville apostrophiert ihn als Verrätergeneral und beruft sich auf das Zeugnis von Charles Hesse, einem Prinzen aus dem regierenden Fürstenhaus Hessens, das Philipp den Großmütigen zum Ahnen hat. Wohl zeichnete sich Philipp als Beschützer der Reformation aus, sein Urenkel Karl aber wetteifert mit den Sansculotten.

Um seine revolutionäre Gesinnung unter Beweis zu stellen, wird Charles Hesse zum Denunzianten. Er verunglimpft den biederen Bayern als Verräter. Dieser Vorwurf trifft den alten Soldaten zutiefst. Gut, er hat in verschiedenen Lagern gedient und gekämpft. Zuerst trat der Fünfzehnjährige, der, in Passau von den Jesuiten erzogen, dort mehr hinter den Weibern in den Weinschenken als hinter den Büchern her war, in das bayerische Infanterieregiment Morawitzky ein und machte sein Kadettenjahr. Dann ging er mit den Ferrarihusaren als Leutnant in die Niederlande und stellte im hannoverischen Dienst später ein eigenes Husarenkorps auf, das zum Alptraum aller feindlichen Truppen wurde. Im Siebenjährigen Krieg waren die Lucknerischen Husaren das gefürchtetste Reiterkorps Europas. Die Franzosen ergriffen schon das Hasenpanier, wenn sie nur hörten, daß irgendwo ein paar Husaren auftauchten. Nach dem Krieg rüstete Hannover das Lucknerregiment ab und sein Kommandeur wurde von den ehemaligen Feinden als Generalleutnant mit 30 000 Livres Gehalt angeworben. Doch deswegen fühlte sich der moderne Landsknecht nicht als Verräter. Wer ihn bezahlte, hatte Anspruch auf seine Treue. Für ihn galt der uralte Grundsatz: Ubi bene ibi patria! (Wo es mir gutgeht, da ist mein Vaterland.) Damals wurde die deutsche Feldzugstaktik für die beste in Europa gehalten und Frankreich wollte sie ebenfalls einführen. Es glaubte in Luckner den General gewonnen zu haben, der ihm den Sieg an allen Fronten sicherte. Gerne spielte Luckner die ihm zugedachte Rolle des militärischen Wundermannes. Im Übungslager von Voissieux gab er den französischen Mitgenerälen ein Diner, bei dem sie auf denselben Silbertellern speisten, die er ihnen als hannoverscher Oberst abgejagt hatte.

Aber noch war der Gipfelpunkt seiner Karriere nicht erreicht. Das geschah erst zu Beginn der Französischen Revolution. Luckner machte sich kein Gewissen daraus, ihr zu dienen, wurde doch die neue Verfassung sogar vom König angenommen und stellte sich General Lafayette, der Held des Nordamerikanischen Freiheitskrieges, an die Spitze der neuerrichteten Nationalgarde. Mit Lafayette zusammen trat Luckner vor die Nationalversammlung und leistete ihr den Huldigungseid. Dafür empfing er aus den Händen des Königs den Marschallstab. Man glaubte, diesen keinem Fähigeren und Würdigeren anvertrauen zu können als dem martialischen Bayern.

Überall, wo er sich blicken ließ, wurde er bejubelt. Meilenweit eilten die Leute herbei, um den grauhaarigen Krieger zu bewundern. Die Franzosen erwarteten von ihm Sieg und Ruhm, als wäre er Friedrich der Große selbst, in dessen Lager er sieben Jahre gegen sie gekämpft hatte. Aber noch ein anderer Ruf ging ihm voraus. Er galt als steinreicher Mann, der es gar nicht nötig hatte, sich um 30 000 Livres zu verdingen. Der Österreichische Erbfolgekrieg und der Siebenjährige Krieg waren für ihn ein blendendes Geschäft gewesen, so daß er es sich leisten konnte, zwei riesige Güter in Holstein, nämlich Gut Blumenau und Gut Schulenburg, zu kaufen und außerdem im Banktresor große Mengen Goldes zu lagern. Gold blendet selbst die Augen fanatisierter Revolutionäre, und als Marschall Rochambeau erfolg-

los gegen die Österreicher in Belgien operierte, übertrug man ihm bedenkenlos das dortige Oberkommando.
Luckners Ansehen war so groß, daß ihm der französische Pionieroffizier Rouget de Lisle seine Marseillaise, die neue französische Nationalhymne, widmete. Als erstes versprach der neue Marschall, Ordnung und Manneszucht in der Nordarmee wiederherzustellen; dies gelang ihm denn vorerst auch, und er drang 22 Meilen in das von Österreichern besetzte Flandern ein. Die Städte Menin und Courtrai nahm er im Sturm, räumte sie aber wieder, als Oberst Jarry die Faubourgs von Courtrai in Brand steckte und die Soldaten plündernd und mordend von Haus zu Haus zogen. Luckner war sich bewußt, daß er in seinen jungen Jahren selbst oft nichts anderes getan und die Bevölkerung im Feindesland mit Brandfackel und Schwert terrorisiert hatte. Aber da waren es nicht Menschen, die er für seinen Souverän gewinnen wollte und sollte. All diese revolutionären Kreaturen, die Jarrys und wie sie sonst noch hießen, mißbrauchten die menschheitsbeglückenden Parolen der Revolution nur, um Schrecken zu verbreiten. Hinderte sie jemand daran, schimpfen sie ihn Reaktionär.
Der Bayer, schon im 56. Jahr Soldat, strebte ein ruhigeres Kommando an und erhielt es. Fortan befehligte er die Zentralarmee. Er konnte aber nicht verhindern, daß Herzog Karl Wilhelm von Braunschweig die Festungen Longwy und Verdun im Handstreich nahm. So mußte er das Kommando über die Armee an General Kellermann abgeben und die Ausbildung der Rekruten im Lager Châlons übernehmen, wo eine neue Armee aufgestellt werden sollte. Der Oberkommandierende hatte dort wenig zu kommandieren. Ihm war Oberst Laclos beigeordnet, ohne dessen Unterschrift kein Brief und kein Befehl hinausgehen durften. Dies minderte Luckners Ansehen sehr.

Über den Marschall aus dem Bayerischen Wald machten sich bald alle lustig, Offiziere und Rekruten. Sie äfften ihn nach, wenn er sie mit seinem rauhen Französisch anherrschte und Respekt und Gehorsam von ihnen forderte. Nachts stellten sie vor seinem Quartier eine Vogelscheuche auf und hängten eine zerfetzte Generalsuniform darüber. Es widerstrebte Luckner, sich noch lange mit diesen Lümmeln herumzuärgern, und er gab um Abschied ein, der ihm augenblicklich gewährt wurde bei Zusicherung eines Jahressoldes von 36 000 Livres.

Und jetzt beging er den größten Fehler seines Lebens. Statt das Beispiel Marschall Rochambeaus zu befolgen, der ins Ausland flüchtete, um dem revolutionären Terror zu entrinnen, blieb Luckner im Elsaß, wo er seine Rente in Empfang nehmen wollte. Er hätte sich ungehindert auf seine beiden holsteinischen Güter zurückziehen und dort in Frieden leben können. Aber das war nur möglich, wenn er auf seine Rente verzichtete, ein Gedanke, der dem sparsamen Waldler ungeheuerlich erschien. Im Bayerischen Wald ehrt man den Pfennig, nur so glaubt man, des Talers wert zu sein. Und hier handelte es sich um 36 000 Livres im Jahr. Luckner wollte sie auf keinen Fall opfern und blieb dem Geld zuliebe.

Lange sollte er sich der Rente nicht erfreuen. Die elsässischen Fiskalbeamten sahen in ihm nur den verhaßten Deutschen, dem sie ein Schnippchen schlagen wollten. Sooft er dann bei ihnen vorsprach, ließen sie ihn abblitzen, bis es ihm endlich zu dumm wurde und er in Paris beim Wohlfahrtsausschuß gegen die säumigen Zahler protestierte. Sein Prozeß vor dem Revolutionstribunal war die Folge, da sich Robespierre, der Vorsitzende des Wohlfahrtsausschusses, den unbequemen Mahner auf diese Weise am ehesten vom Hals schaffen konnte.

Um Luckner steht es schlecht. Tief neigt sich die Schale der Gerechtigkeitswaage auf die Schuldseite des Angeklagten. Nur rhetorische Fragen hat der öffentliche Ankläger an den alten Mann zu richten:

»Haben Sie Lafayette persönlich gekannt?« Wie soll er Lafayette nicht gekannt haben, nachdem er das Kommando über die Nordarmee an ihn abtreten mußte? Aber Lafayette ist kurz darauf aus Belgien geflohen und zu den Österreichern übergelaufen. Seither steht jeder Bekannte von Lafayette in Verdacht, mit ihm konspiriert zu haben. Und die zweite Frage des öffentlichen Anklägers lautet: »Haben Sie Louis Capet vor der Flucht nach Valenciennes gesehen?«

Wie soll Luckner den König nicht gesehen haben, wo doch Ludwig XVI. den frisch vereidigten Marschall empfing und ihm den Marschallstab überreichte? Allein diese Tatsache macht Luckner dem Präsidenten und öffentlichen Ankläger und den Geschworenen des Revolutionstribunals verdächtig. Noch mehr belastet ihn aber, daß er unter dem Kriegsminister Dumouriez gedient hat und mit General Custine befreundet war. Auch Dumouriez flüchtete ins österreichische Lager und Custine wurde geköpft, weil er die Festungen Condé und Valenciennes an die Österreicher übergab, Grund genug für Fouquier-Tinville, jetzt auch den Kopf Luckners zu fordern.

Der Angeklagte weiß: Wer vor den Schranken des Revolutionstribunals steht, hat keine Hoffnung mehr. Es ist, als wäre er in die Hand böser Zauberer gefallen. Tugend verkehren die Revolutionsrichter in Laster, Standhaftigkeit in Verstocktheit, Treue in hündische Kriecherei, Verdienst in Verbrechen. Die revolutionäre Illusion ist bei ihnen alles. Nur eine einzige Realität kennen sie, das ist der Urteilsspruch: Tod auf der Guillotine.

Mit unbewegtem Gesicht hört Luckner sein Urteil, verbeugt sich vor denen, die ihn schuldig gesprochen haben, und verlangt, zurück ins Gefängnis geführt zu werden. Luckners Sterben beginnt in diesem Augenblick. Zwischen der Verurteilung und der Hinrichtung liegen sieben Nächte. Sieben Tage und sieben Nächte hat der Verurteilte Zeit, um Gnade zu bitten. Er tut es nicht. Es wäre ohnehin sinnlos; denn sie haben ihn schuldig gesprochen, weil er sterben muß. In ihm will man einfach den Repräsentanten der alten Armee treffen. Der 72jährige weiß es. So bricht die Nacht vor der Hinrichtung an. Nikolaus Luckner, Sohn eines Bierbrauers und Hopfenhändlers im Bayerischen Wald, schließt Frieden mit Gott und der Welt. Bei einem ebenfalls zum Tod verurteilten Priester beichtet er. Seine größte Sünde ist der Geiz, bekennt er dem Abbé. Für diese Sünde will er büßen.

Am 4. Januar 1794 wird der gewesene Marschall von Frankreich auf dem Henkerskarren zur Guillotine gefahren. Die Hände auf den Rücken gefesselt, steht er stolz im Schandgefährt. Um ihn herum tobt die Menge: »Vive la république, vive la France, à bas le traitre, à bas l'Allemand!« (Es lebe die Republik, es lebe Frankreich, nieder mit dem Verräter, nieder mit dem Deutschen!). Angewidert blickt Luckner auf den schreienden Pöbel. Auf dem Platz der Revolution angekommen, springt er ohne Hilfe vom Karren und besteigt mit festen Schritten das Blutgerüst. Vor dem Henker bleibt er stehen. Dieser greift nach ihm, aber der alte Mann wendet sich noch einmal brüsk um und ruft mit lauter Stimme über den Platz: »Ihr verdammten Narren, was schert mich eure Republik! Ich sterbe unschuldig.«

Seine Stimme ist kaum verhallt, da wirft ihn der Henker unter das Fallbeil und bindet ihn fest. Schwer fällt das

Haupt des Hingerichteten in den Korb. Der Henker packt es an den grauen Haaren und zeigt es dem grölenden Volk. Noch ahnt niemand, daß sich das gleiche Schauspiel ein halbes Jahr später wiederholt. Jenes andere Mal präsentiert der Henker das blutige Haupt Robespierres, der die Fahrt zur Guillotine auf demselben Karren angetreten hat wie Luckner.

Matthias Stormberger, genannt Mühlhiasl

Der Prophet aus dem Bayerischen Wald

An der Pforte des Prämonstratenserklosters Windberg im Bayerischen Wald stand ein alter Vagant und bettelte um einen Teller warmer Suppe. Es war im März des Jahres 1803. Dem Bruder gefiel der Besuch des Vaganten nicht. Jedenfalls gab er ihm unmißverständlich zu erkennen, daß er im Kloster nichts verloren habe und es besser sei, er gehe weiter und lasse sich nie mehr blicken. Der Abt wisse schon, wie er es treibe mit seinem Wahrsagen. Die ganze Gegend versetze er damit in Angst und Schrecken. Dann ließ der Bruder das Schiebefensterchen der Pfortentür fallen und machte sich an seinen Rosenkränzen zu schaffen. Der Vagant, es war der Viehhirt von Rabenstein bei Zwiesel und jetzt in der Vorfrühlingszeit noch ohne Beschäftigung, schnellte auf, wie von einem Peitschenhieb getroffen, und schrie dem Pförtner durch das geschlossene Fenster zu: »Is scho recht, Bruader, aber sag's dem Abt: Grad so, wias mi jetzt nausteats, so tean s' enk bald selber naus. I kon geh, wia i grad mag, aber ihr müaßts laffa; i derf wieder rei, aber ihr derfts nimmer rei, und aus eure Fenster schaugn na d'Weiber und d'Kinder raus!«

Ohne sich noch einmal umzusehen, ging der Abgewiesene weiter, Kreuzberg zu, wo er gut Freund war mit dem Einsiedler. Von dem wußte er, daß er ihn nicht weiterschickte mit leerem Magen.

Der Pfortenbruder aber lief gleich zu seinem Abt und berichtete ihm, was der Viehhirt von Rabenstein prophezeit hatte. Darüber lachte der Abt nur. Wer konnte es schon wagen, ihn, den großmächtigen Prälaten von Windberg, aus dem Kloster zu schaffen! Da habe sich, wie er meinte, der Rabensteiner Hias schon gründlich getäuscht. Und so verhalte es sich auch mit seinen übrigen Prophezeiungen. Die seien erstunken und erlogen.

Aber nach kaum sechs Wochen lachte der Abt nicht mehr. Ein Regierungskommissar kam aus München und verlas das Dekret der Klosteraufhebung; der Abt meinte, es müsse ein Mißverständnis sein. Er und seine Mönche blieben in Windberg, wie die Prämonstratenser hier sich schon seit Jahrhunderten aufgehalten hätten. Doch nur wenig später kehrte der Kommissar mit Gendarmen zurück und verlangte, daß die Mönche auf der Stelle ihr Bündel schnürten, wenn sie nicht in Ketten abgeführt werden wollten.

Da blieb dem Abt nichts mehr anders übrig als zu gehen und zwar so, wie es ihm der Rabensteiner Hias prophezeit hatte, in aller Eile und ohne Aussicht auf eine Rückkehr. Zwei Patres, die gerade im Geisenhauser Bach gefischt hatten, durften gar nicht mehr den Fuß über die Schwelle des von ihren Mitbrüdern verlassenen Klosters setzen, sondern mußten sich augenblicklich aus dem Staub machen.

Mit richtigem Namen hieß der Rabensteiner Hias Stormberger. Er war vor einem halben Jahrhundert plötzlich in Rabenstein aufgetaucht als ein in Lumpen gehüllter Bub. Eltern und Heimat schien er verloren zu haben. Als man ihn nach seinem Vornamen fragte, schüttelte er den Kopf. Der Name Stormberger war ihm geläufig, sonst nichts. Dann hörte er zu reden auf und schwieg beharrlich. Da er den Rabensteinern am Fest des hl. Matthias zugelaufen war, hieß das Findelkind fortan Hiasl. Er zitterte wie Espenlaub, als er einmal Zirkusbären zu Gesicht bekam. Daraus schloß man, daß er vielleicht von Bärentreiberleuten abstammte, die ums Leben gekommen waren. Findelkinder sind Stiefkinder des Schicksals. Darum blieb Hiasl schon in frühestem Alter ein harter Daseinskampf nicht erspart. Er wurde Hirte in der Gemeinde Rabenstein; das heißt, vom Georgitag, dem 23. April, bis zum Martinitag, dem 11. November, zog er mit dem jungen Gemeindevieh durch Einsamkeit und Wildnis des Waldes. Im Winter mußte er sich seinen Lebensunterhalt in der Gegend zusammenbetteln, und das nicht ein Jahr lang, sondern zehn Jahre, zwanzig Jahre, dreißig Jahre, vierzig Jahre, so lange er halt lebte.

Der Stormberger Hiasl war von seiner sozialen Stellung her gesehen ein Außenseiter der Gesellschaft. Er wurde es aber auch durch sein Naturerlebnis. Einem, um den Blitze zucken und brodelnde Nebel aufsteigen, vor dem sich Sonne und Mond folgen wie unzertrennliche Geschwister, der Regen und Schnee nicht als Übel empfindet, sondern als seine treuesten Gefährten, dem erscheint das Leben als das, was es ist, als fortwährende Bewegung und Veränderung. Er wird Kreatur mit der um ihn kreuchenden und keuchenden Kreatur. Ihm webt die Zeit ein Gewand aus Vergangenheit, Gegenwart und Zukunft und, weil er das Gewand gern trägt, gibt es für ihn keine Rätsel und Geheimnisse.

Es mag sein, daß er den Menschen in Rabenstein und dem ganzen Wald wie ein Kobold vorkam, wenn er zu reden begann von seinen Gesichtern. In einem früheren Jahrhundert wäre er sicher auf einem Scheiterhaufen als Zauberer und Hexer verbrannt worden. Er konnte anderen den Tod auf die Stunde vorhersagen, und in der Christmette setzte er sich rücklings auf einen Kirchenstuhl von neunerlei Holz. Da wurden vor seinem Seherauge die Antlitze derer schwarz, denen im kommenden Jahr die letzte Stunde schlug. Einen solchen Menschen fürchtete man oder verspottete ihn und beschimpfte ihn. Lange Zeit wurde er für einen Spinner gehalten, dem jedermann auswich. Daß er ein Prophet war, wollte zuerst nicht in die harten Waldlerköpfe. Aber als sich Prophezeiungen wie jene von der Vertreibung der Prämonstratenser aus Windberg in kurzer Zeit erfüllten, begannen die Menschen des Bayerischen Waldes nachdenklich zu werden und den Wahrsagungen Stormbergers Gewicht beizumessen.

Es mußte doch was daran sein, wenn er sagte: »An dem Tag, an dem zum erstenmal der eiserne Wolf auf dem eisernen Weg durch den Vorwald bellt, an dem Tag wird der große Weltkrieg ohebn.« Und wie sah die Erfüllung aus? Am 1. August 1914 fuhr die Eisenbahn zum erstenmal von Kalteneck nach Deggendorf, die Trasse aber führte mitten durch den Vorwald und die Mobilisierten fuhren am 2. August in den neuen Wagen ihren Standorten zu. Auch das Zeitalter der Luftfahrt und ihre unseligen Folgen sah Hiasl voraus, wenn er prophezeite: »D'Leut werdn wia Vögel in der Luft fliagn und a großer weißer Vogel wird in' Wald kemma, dann is' so weit! Dann kimmt de andere Zeit und mit ihr der große Kriag.« In den Jahren unmittelbar vor dem Ersten Weltkrieg gab es die ersten Flugzeuge und flog der Zeppelin über den Wald.

Noch deutlicher wurde der Stormberger mit jener anderen Vision: »Durch an Kloan geht der Kriag o, und durch an Großen, der wo übers große Wasser kimmt, wird er gar.« Der Weltkrieg begann mit der serbischen Verschwörung in Sarajewo und endete mit dem Eingreifen der Amerikaner 1917/18. Auch die Inflation sah der Hiasl voraus: »'s Geld wird koan Wert mehr habn, um 200 Gulden ko ma koan Loab Brot kaffa, um a Goldstückl kriagt ma an Bauernhof.« Farbiger hätte niemand die Inflation an die Wand malen können. Aber auch für den Zweiten Weltkrieg fixierte Stormberger einen genauen Zeitpunkt: »Wenn s' in Straubing de große Brukken baun und sie net ganz ferti is, dann geht's los.« Tatsächlich war die neue Donaubrücke in Straubing bis auf die Betondecke gebaut, als Hitlers Divisionen am 2. September 1939 über die polnische Grenze marschierten. Auch das Ende der Hitlerzeit prophezeite Hiasl: »Auf'n Kirchturm in Zwiesel wird a Baam wachsn. Wenn der Baam so lang is wia a Fahnenschaft, dann is de Zeit da.« 1945 war eine Linde auf dem Turmvorbau in Zwiesel über zwei Meter hoch gewachsen. Die Neugierigen aus allen Teilen des Waldes umstanden den Kirchturm, um sich das anzusehen. Der Nazipolizei war es nicht ganz geheuer, weil sie genau wußte, was die Leute daraus folgerten. Jeder konnte sich an den Fingern abzählen, wie lange noch die Herrschaft des Mannes dauerte, von dem der Hiasl sagte: »A gar strenger Herr wird kemma und de armen Leut d'Haut abziagn und a strengs Regiment führn.«

Aber auch das Atomzeitalter und mit diesem einen dritten

Weltkrieg ahnte der Viehhirte von Rabenstein voraus: »Wenn Himml und Erd brennan, dann is de Zeit da, wo alls a End nimmt. Und de Zeit is, wenn de Wilde Jagd mit Feuer und Schwefl über alle Länder braust. Bis dahi is' no lang, dann wird koa Mensch mehr wissn, wo is Zwiesel und wo is Rabenstoa gwen. Von alle Schrecken wird der Bankabramer der letzte sei. Wenn d'Leut von der Bank falln wia d'Fliagn von der Wand, nacha fangt de letzte Zeit o. Sie wird furchtbar sei. Wer s' überlebt, muaß an eisern Kopf habn.«

Um seine Prophezeiungen zu bekräftigen, versprach der Hiasl den Ungläubigen nach seinem Tod ein Zeichen, daß sie glauben müßten. Auch diese Ankündigung bewahrheitete sich und zwar auf eine ganz merkwürdige Art. Anno 1806 starb der Stormberger. Er hatte sich nach Rabenstein zurückgezogen, wo er einst als Bub aufgetaucht war. Auf der Ofenbank der Familie Buchinger verbrachte er seinen Lebensabend, vor sich hin sinnierend und von der Zukunft träumend. Eines Tages sank er tot von der Bank und die Leiche mußte von Rabenstein nach Zwiesel zur Beerdigung gebracht werden.

Den »feichtern« Sarg transportierte ein Ochsenkarren. Die Ochsen waren damals die üblichen Zugtiere im Wald. Pferde hielten sich nur die reichen Bauern und Gutsherren. An und für sich ist auf Ochsen Verlaß, aber diejenigen, welche den Karren mit dem Sarg zogen, wurden unerklärlicherweise vor der Hammerbrücke scheu. Dadurch löste sich ein Rad vom Karren, so daß dieser umstürzte und der Sarg auf den Boden fiel. Bei dem Aufprall sprang der Sargdeckel auf und der tote Hiasl zeigte sich, starr und kalt wie er war, noch einmal den Teilnehmern am Leichenzug. Das war das Zeichen, das er nach dem Tod geben wollte.

Dergleichen wird auch von Matthäus Lang erzählt, dem

Müller von Apoig, der fast wörtlich dieselben Prophezeiungen machte wie der Stormberger Hiasl und zur selben Zeit lebte wie dieser. Es ist müßig zu rechten, wer von beiden der wirkliche Waldprophet gewesen ist. Mögen sich darüber die Heimatforscher den Kopf zerbrechen, eines steht fest: Matthäus heißt im Dialekt nicht Hias, sondern Matheis. Und über Matthias Stormberger liegt im Kreisarchiv Landshut eine Notiz des Landgerichts Zwiesel vor, die von einer Vermahnung an den Viehhirten wegen Vagierens und Wahrsagens berichtet. Höchstwahrscheinlich ist, daß es sich bei dem Apoiger Matheis und dem Rabensteiner Hiasl um ein und dieselbe Person handelt. Immerhin beträgt die Entfernung zwischen Apoig und Rabenstein höchstens 30 Kilometer in der Luftlinie. Das einfache Volk hat den richtigen Instinkt, wenn es nicht vom Stormberger oder vom Lang spricht, sondern nur vom Mühlhiasl.

Ich erinnere mich an den alten Schäfer Furtmayer von Glonnbercha bei Dachau, der als seinen kostbarsten Schatz die Prophezeiungen des Mühlhiasl hütete. Und innerlich beruhigt erzählte mir der Austragsbauer Fischer von Thal bei Tann in Niederbayern, daß ihm und seiner Familie einmal nichts passieren würde, weil er im sogenannten Saurüssel, das ist das Landdreieck zwischen Mühldorf, Landau und Passau, lebe, den der Hiasl von der großen letzten Zerstörung ausgenommen hat. Lassen sich auch die heutigen prominenten Hellseher und Wahrsager mit klingender Münze reich entlohnen, der bitterarme Hiasl würde es als seinen schönsten Lohn angesehen haben, wenn er gewußt hätte, wie lang er im Herzen des Volkes weiterlebte. Vielleicht hat er es gewußt.

Freiherr von Hallberg

Der Eremit von Gauting

Er war gar kein Bayer, sondern ein Zugereister, genauer gesagt, ein Rheinländer, der »Eremit von Gauting«, mit Familiennamen Karl Theodor Maria Hubert Isidor Freiherr von Hallberg zu Broich. Schloß Broich liegt in Jülich, das einst den Wittelsbachern von Pfalz-Neuburg gehörte. Zweifellos hat dieser Baron viel Ähnlichkeit mit dem Lügenbaron Münchhausen; er unterscheidet sich allerdings von ihm dadurch, daß alles, was er erzählte und erlebte, weder erdichtet noch sinnlos übertrieben, sondern reine Wirklichkeit war. Nirgends steht vermerkt, Napoleon habe keinen entschiedeneren Widersacher und glühenderen Hasser als den Baron Hallberg zu Broich gehabt, und doch verhält es sich so.

Napoleons Stern war erst im Aufsteigen begriffen, da ließ sich der Jülicher Baron bei Kaiser Franz II. zur Audienz melden. Er malte, wie man so sagt, den Teufel an die Wand und prophezeite dem Habsburger, daß der Parvenu Napoleon, fände er keinen entschlossenen Gegner, sich zum Herrn von Europa machen würde. Der Jülicher Audienzgast redete sich in solchen Eifer, daß ihn auf einen Wink des Obersthofmarschalls vier kräftige Irrenwärter in den Narrenturm schleppten. Da er über alles andere, Napoleon ausgenommen, ganz vernünftige Ansichten zu haben schien, ließ man ihn nach einiger Zeit wieder ungeschoren laufen, doch er nützte seine Freiheit nur, um den Vizekönig von Ägypten vor der drohenden und, wie er meinte, unmittelbar bevorstehenden Invasion durch die Truppen Napoleons zu warnen. Auch hier fand er als Echo seines Gesprächspartners nur ein Lächeln und, als Napoleon nach einigen Wochen tatsächlich vor den Pyramiden stand, war nun Baron Hallberg an der Reihe, zu lachen, wenn er sich das verängstigte Antlitz des ägyptischen Vizekönigs vorstellte.

Aber Karl Theodor Maria Hubert Isidor war kein rachsüchtiger Mensch und zog sich fürs erste von seinen politischen Exkursionen zurück, um eine bildhübsche und blutjunge flämische Baronesse zu heiraten. An ihrer Seite wollte er die Obstbäume in seinem Schloßpark von Broich pflegen. Das bedeutete allerdings kein Alibi für ihn, als in einer Nacht französische Militärgendarmerie in sein eheliches Schlafgemach eindrang und ihn von der liebenden Schönen weg in 36 Tagen Fußmarsch nach Paris verschleppte, wo ihm der Prozeß wegen räuberischen Überfalls auf französische Beamte gemacht werden sollte. Die Anklage beruhte natürlich nur auf einem Vorwand und hatte ihren wirklichen Grund in seinem Haß gegen Napoleon, aus dem er kein Hehl machte. Wäre seine junge Frau, die Schöne aus Brabant, nicht zu Kaiser Napoleon selbst vorgedrungen und hätten sich die Kaiserin Josephine und Graf Ségur nicht für Hallberg eingesetzt, wäre er kaum dem schon für ihn bestellten Exekutionskommando entkommen. Aber er wurde aus dem Schaden nicht klug, das heißt, sein Intimfeind war und blieb Napoleon.

Darum flüchtete er an den Hof des Bey von Tunis und überredete diesen, mit 6000 Korsaren in Italien einzufallen und die Franzosen von dort zu verjagen. Der Bey zeigte sich so begeistert von dem Plan, daß er Hallberg die Hand seiner Lieblingstochter anbot und ihn selbst zum Generalissimus der 6000 Invasions-Seeräuber ernannte. Aber das Ganze hatte einen, wenn nicht zwei Haken. Noch lebte seine Frau und noch liebte er sie; also brachte der tunesische Bey seine Tochter bei Hallberg nicht unter die Haube, und außerdem machten englische Kriegsschiffe mit den Seeräubern kurzen Prozeß. Sie kaperten deren Flotte und nahmen Generalissimus Karl Theodor Maria Hubert Isidor gefangen, weil sie ausgerechnet ihn für einen napoleonischen Spion hielten. Ein halbes Jahr Gefängnis in London folgte, bis der Deutsche endlich mit 600 Pfund Entschädigung freigelassen werden mußte.

Erst 1813/14 kam Hallbergs große Chance. Er konnte Freiherrn vom Stein von seinem abgrundtiefen Haß gegen Napoleon überzeugen und erhielt eine besondere Aufgabe zugeteilt. Im Gebiet zwischen Rhein und Maas hatte er 30 000 Mann Landsturm aufzustellen und diese in 250 Bataillonen militärisch auszubilden. Er wurde seiner Aufgabe so vorbildlich gerecht, daß er 1815 zum Generalpolizeidirektor aller verbündeten Armeen avancierte. Ein anderer hätte sich mit dieser ehrenvollen Berufung zufriedengegeben, Hallberg erträumte sich mehr. Er wollte nicht mehr und nicht weniger als Herzog des von der Franzosenherrschaft befreiten Jülich werden. Aber durch diese Rechnung machten ihm die Preußen einen dicken Strich. Sie selbst okkupierten Jülich für die preußische Krone und hatten vor, jenen Mann, der sich gegen ihre Eroberungspläne zur Wehr setzte, im Kerker unschädlich zu machen. Noch vorher bekam er Wind von der Polizeiaktion und emigrierte bei Nacht und Nebel nach Schweden.

Der dortige König Bernadotte, ein ehemaliger Günstling Napoleons, war bei der Bevölkerung in Mißkredit geraten. Diesen Umstand nützte Hallberg, dessen Frau Blut des alten Königsgeschlechts der Wasa in den Adern hatte. Doch da er selbst kein Wort Schwedisch sprach und von den zum Sturz Bernadottes benötigten Truppen kaum 300 Mann zusammenkamen, bedeutete er für Bernadotte keine ernste Gefahr. Er wurde einfach aus dem Lande abgeschoben. Noch ehe er sich's versah, stand er auf einer Barke, die ihn nach Deutschland zurückbrachte. Da er sich aber in Preußen nicht mehr blicken lassen durfte, fuhr er in München mit einem Sechsspänner an der königlichen Residenz vor.

Er suchte bei dem gutmütigen Max I. Hilfe und Zuflucht als Nachkomme ehemaliger bayerischer Untertanen, gehörte doch Jülich seit 1614 zu Pfalz-Neuburg und wurde 1777 endgültig mit dem Kurfürstentum Bayern vereinigt. Als ein prominenter Teilnehmer des Befreiungskrieges 1813/14 fand er auch gleich das Ohr des gnädigen Monarchen und konnte sich mit königlicher Genehmigung in Schloß Fußberg bei Gauting niederlassen. Hier war es, daß er von den Bauern »Eremit« getauft wurde, weil er sich im

Schloß zuerst wie eine Schnecke in ihrem Haus verkroch. Der Name Eremit gefiel Hallberg so gut, daß er alles, was er jetzt in Gauting an Episteln und Pamphleten gegen Napoleon und Preußen losließ, mit dem ihm von den Bauern verliehenen Ehrentitel »Eremit von Gauting« signierte.

Doch der Gautinger Aufenthalt war nur eine Atempause in dem wildbewegten Leben des Abenteurers. Schon 1824 litt es ihn nicht mehr in der arkadischen Ruhe. Er ließ sich wiederum beim König in Audienz melden und schlug ihm vor, das weite Erdinger Moor auszutrocknen und in fruchtbares Ackerland zu verwandeln. Dabei wollte er selbst mit gutem Beispiel vorangehen. Er kaufte 1374 Tagwerk um 18 000 Gulden, ließ Gräben zur Entwässerung ziehen, baute Straßen und teilte das von ihm erworbene Land in etwa zehn Tagwerk große Einzelanwesen auf. In der Siedlung, die nach ihm Hallbergmoos genannt wurde, gab es bald Kirche, Schule, Pfarrhaus und natürlich auch Wirtshaus, Bäckerei und Mühle.

Wie so viele andere Unternehmen gleicher Art litt auch die von Hallberg neugegründete Moorkolonie an verschiedenen Kinderkrankheiten. Die Grundstücke waren für den Lebensunterhalt der einzelnen Familien zu klein, die Häuser zu schlecht gebaut und die Schaffung einer Gemeindeweide und eines gemeindlichen Torfstiches versäumt worden. So erfüllte sich auch hier an den Siedlern das schicksalhafte Wort: »Für die erste Generation den Tod, für die zweite die Not, für die dritte das Brot.«

Heute ist Hallbergmoos ein stattliches Dorf. Aber 150 Jahre mußten vorbeigehen, bis Hallbergs Vision Wirklichkeit wurde. Schloß Birkeneck, in dem er wie ein persischer Satrap hauste zusammen mit furchterregenden Wolfshunden, gefangenen Mardern, Iltissen und Füchsen, ist jetzt ein

Erziehungsheim für gefährdete Jugendliche. Auf diese Weise haben die Ideen des Philanthropen feste Gestalt angenommen, vielleicht anders, als er dachte, aber doch so, daß, hätte er es erlebt, er stolz darauf gewesen wäre.

Noch einmal, im Jahre 1848, dem Jahr der großen politischen Umwälzung in Europa, entwarf er einen aufsehenerregenden Plan. Während Bürgerwehr und Studenten in den Straßen von München, Wien, Berlin, Paris und der Toskana gegen die reaktionäre Staatsgewalt Sturm liefen, dann aber doch den Bajonetten der regulären Truppen weichen mußten, knüpfte Hallberg an die Tradition Thürriegels an. Joseph Kaspar Thürriegel, der Abenteurer aus dem Bayerischen Wald, hatte seine Landsleute zur Besiedlung der Sierra Morena nach Spanien gelockt. Baron Hallberg plante eine bayerische Auswanderung nach Nordamerika im großen Stil. Die Vereinigten Staaten pries er seinen Mitbürgern als das Land der unbegrenzten Freiheit. Aber sein Ruf verhallte beinahe ungehört. Weder hatten die bayerischen Behörden ein Interesse, ihr eigenes Land zu entvölkern, noch meldeten sich genug Kolonisten.

Die Possen, Streiche und Späße des Jülicher Barons hatten ihn für ernstzunehmende Projekte verdächtig gemacht. Man wußte und lachte zuviel über ihn. Von Birkeneck hatte er sich oft in einer grellroten Karosse, die noch dazu mit sechs Eselsstuten bespannt war, nach München kutschieren lassen, wo er im »Roten Adler« und im Café Tambosi nicht nur das Geld, sondern auch Gläser und Porzellan zum Fenster hinauswarf. In seinem Aufzug glich er eher einem Schalksnarren als einem seriösen Aristokraten. Er hatte für gewöhnlich einen pelzverbrämten Rock an, auf dem Kopf trug er eine überdimensionale Bärenmütze und seine Füße steckten in knallroten Juchtenstiefeln. Seine Brust schmückten hohe und höchste Orden europäischer und asiatischer Staaten, wie das Komturkreuz des bayerischen Michaelordens, der russische Sankt-Anna-Orden, der Preußische Adlerorden, der päpstliche Ritterorden des Goldenen Sporns, das Kommandeurkreuz des päpstlichen Gregoriusordens und nicht zuletzt der Große Stern des brillantenbesetzten persischen Sonnen- und Löwenordens. Den hatte er 1842 erhalten, als er den Schah von Persien besuchte. Er präsentierte sich diesem als Gesandten des bayerischen Königs. Und da es Hallberg 1813/14 zum richtigen Generalleutnant gebracht hatte, führte er in Persien während seines Aufenthalts gleich das deutsche Exerzierreglement im Heer ein. Um seinen eigenen Wert zu steigern, erzählte er dem Schah, er käme aus einem Land, das man in hundert Tagen kaum der Breite nach durchreisen könne. Und der Schah erstarb in Respekt vor der Weltmacht Bayern, das den Worten seines Gastes zufolge noch größer sein mußte als Persien. Der schrullige Baron aber kehrte als persischer »Obergeneral« nach Hause zurück.

Solange seine Frau, die flämische Baronin, lebte, hatte er ein Zuhause, zuerst in Broich, dann in Gauting, später in Birkeneck. Er liebte seine Gattin über alles und sie ihn nicht minder. Freilich bedingte sich der Baron von ihr merkwürdige Beweise ihrer Liebe aus. So verlangte er einmal in Birkeneck, wenn sie ihn wirklich liebe, solle sie sich aus dem Fenster stürzen. Sie tat es denn auch und sprang von der ersten Etage des Schlößchens hinunter. Er selber nahm es mit der ehelichen Treue allerdings nicht so genau wie sie. Auf einer Reise durch Spanien verliebte er sich in eine steinreiche Señora, und es genügte ihm nicht, auf Birkeneck nur eine Frau, nämlich seine eigene, um sich zu haben, er lud auch andere Damen ein, denen er auf ritterlichste Weise den Hof machte.

Nach dem Tod seiner Gemahlin irrte er wie ein Ahasver

durch die ganze Welt. Nirgendwo fand er Trost, nirgendwo Ruhe, nicht auf dem Balkan, nicht in Kleinasien, nicht in Rußland, in Sizilien, in Ägypten, in Schottland und Lappland. Und er fand auch keine neue Frau zum Heiraten, obwohl er als 72jähriger durch eine Zeitungsannonce im *Münchner Eilboten* eine suchte. Nicht über 16 Jahre hätte sie sein sollen, blond, blauäugig, wohlgestaltet und besessen von dem Wunsch, die Freuden des Lebens in ewig froher Weisheit zu genießen. 640 Bewerberinnen antworteten, doch war Hallberg schon längst wieder aus seinem Moorschlößchen verschwunden, als die Antwortbriefe eintrafen.

Als 82jähriger zog sich der »Eremit von Gauting« in die wirkliche Einsamkeit zurück. Er suchte sich dazu das halbverfallene Schloß Hörmannsdorf zwischen Landshut und Straubing aus. Völlig erblindet mußte er auch sein Hobby, das Bücher- und Artikelschreiben über seine Globetrotterei, aufgeben und eine eigene Vorleserin engagieren. Ein Gärtner und eine Haushälterin vervollständigten das Schloßpersonal. Er hielt sich Hunderte von Singvögeln, rauchte holländischen Sechskreuzertabak und lauschte dem Schlag von unzähligen Schwarzwälderuhren. So verbrachte er die letzten Lebensjahre. 94jährig starb er. Niederbayerische Bauern gaben ihm das Grabgeleit. Als einziger illustrer Trauergast war Oberst Rummel von den Landshuter Kürassieren erschienen. Hallberg hatte sich als Grabschrift die Worte »Hic jacet pulvis, cinis et nihil« (Hier liegt Staub, Asche und sonst nichts) ausbedungen. Mehr war von seinen Possen, Streichen und Verdiensten nicht übriggeblieben. Und doch genug für uns Nachgeborene, um zu wissen, daß sich ein außerordentlicher Mensch ebenso in seiner Torheit wie in seiner Weisheit offenbart.

Lola Montez

Die Favoritin des Königs

Der Flügeladjutant Graf Lerchenfeld lächelte zufrieden, als er die Tür zum Arbeitskabinett seines Königs schloß. Er wußte, die Audienz, die Ludwig I. der spanischen Tänzerin Lola Montez jetzt gewährte, würde nicht folgenlos bleiben. Durch diese Tür waren schon manche Frauen und Mädchen geschritten, die der schönheitstrunkene Monarch von Stieler für seine Galerie malen ließ, zum Beispiel das Traunsteiner Dienstmädchen Helene Sedlmayer, die griechische Freiheitskämpferin Catharina Botzaris, die Förstersmaid Caroline Lizius von Aschaffenburg, die Münchner Offizierstochter Amalie Schintling und die Schauspielerin Charlotte von Hagn, sie alle würde dieses großartige

Weib mit den strahlenden blauen Augen, dem glänzenden schwarzen Seidenhaar und der erregenden Sinnlichkeit ihrer vollen roten Lippen in den Schatten stellen, gar nicht zu reden von den klassischen Formen des Körpers, den kein Bildhauer vollendeter aus Marmor hätte zaubern können. Die Spanierin hatte um die Audienz nachgesucht, weil ihr der Intendant Frays vom Hoftheater verwehrte, auf seiner Bühne aufzutreten.

Einige Tage nach der Audienz, am 10. Oktober 1846, verkündete der Theaterzettel das Auftreten der Demoiselle Lola Montez aus Madrid mit spanischen Nationaltänzen – im Hoftheater. Was war in der Audienz geschehen? Die Tänzerin schrieb später in ihren Memoiren, sie hätte, um die Zweifel des Königs an der makellosen Schönheit ihrer Figur zu zerstreuen, ihr Kleid vom Ausschnitt bis zur Hüfte aufgetrennt. Die Skandalchronik weiß es anders. Ihr zufolge hat sich der König, ermutigt von seinem verführerischen Audienzgast, den Anblick der körperlichen Reize Lolas durch einen kühnen Schnitt mit dem Stilett selbst verschafft. Wie dem auch sei, von dieser Stunde an war und blieb König Ludwig I. von Bayern der Circe aus dem fernen Süden verfallen.

Ihre Behauptung, sie stamme aus vornehmem andalusischen Geschlecht, strafte allerdings ihr Benehmen Lügen. Im Gasthof zum Goldenen Löwen, wo sie abgestiegen war, ohrfeigte sie Gäste nur deswegen, weil sie dieselben zu laut fand, und auf der Straße prügelte sie einen fremden Hund, als sich dieser ihrem eigenen Schoßhündchen näherte. Im Nu war sie von tierliebenden Münchnern umringt, die sie wahrscheinlich gelyncht hätten, wären ihr nicht Gendarmen zu Hilfe geeilt.

Über ihrer Vergangenheit lag ein dichter Schleier. Niemand wußte etwas Bestimmtes darüber, niemandem, auch nicht der Polizei, zeigte sie Papiere, die ihre Person ausgewiesen hätten. Da sie als neue Geliebte des Königs Aufsehen erregte, forschte die Münchner Polizei ihrem früheren Leben im Ausland nach und stellte fest, daß sie in Wirklichkeit nicht Lola Montez hieß, sondern Mrs. James. Nicht in Spanien, sondern in Irland wurde sie als Tochter des Fähnrichs Gilbert und der Kreolin Oliverez de Montalva geboren. Gilbert ging als Leutnant mit seiner Familie nach Indien und starb dort an der Cholera. Dann heiratete die Mutter den Captain Craigie, schickte ihr Kind aber nach Schottland zurück, von wo es zur Erziehung nach Paris und in die Schweiz kam. Mit 16 Jahren ehelichte Mrs. Gilbert den irischen Leutnant Thomas James und betrog ihn alsbald mit Captain Lennox.

Von James geschieden, ließ sich Lola in Madrid als Tänzerin ausbilden. Jetzt nannte sie sich nicht mehr Mrs. James, sondern Maria Dolores Porrys y Montez. Unter diesem Namen trat sie in dem Londoner »Her Majestys Theatre« auf und hierauf im Kgl. Schauspielhaus zu Berlin. Bei einer Militärparade zu Ehren des Besuches von Zar Nikolaus galoppierte Lola mitten in die kaiserliche Suite und schlug einem Soldaten, der ihrem Pferd in die Zügel fiel, mit der Reitpeitsche ins Gesicht. Noch in derselben Nacht mußte sie Berlin verlassen, wollte sie ihrer Verhaftung zuvorkommen. In Dresden gewann sie die Liebe Franz Liszts, der ihrer zügellosen Leidenschaft bald überdrüssig wurde und sie heimlich verließ.

Es folgte ein kurzes Gastspiel in Paris und dann Triumph auf Triumph in Warschau, bis sie der polnische Gouverneur Prinz Paskievich als enttäuschter Liebhaber des Landes verwies. Sie holte in Petersburg nach, was ihr Warschau schuldig geblieben war. Auch dort ließ sie das unruhige Blut nicht lange verweilen. Wiederum ging sie nach

Paris, wo sie Mittelpunkt einer Duellaffäre wurde. Nur die schleunigste Abreise bewahrte sie vor gerichtlicher Verfolgung. Am Hof des Duodezfürsten Reuß-Lobenstein-Ebersdorf LXXII. fand sie Zuflucht und die Liebe des Souveräns, dessen Finanzen sie mit ihrem luxuriösen Aufwand gänzlich zerrüttete. Als sie schließlich mit ihrem Pferd durch die sorgsam gepflegten Blumenbeete des fürstlichen Gartens ritt, jagte sie der erzürnte Reuß aus seinem Land.

Das alles stand in einem umfangreichen Akt des Münchner Polizeipräsidiums vermerkt und Polizeidirektor Freiherr von Pechmann hätte den Akt seinem Souverän vorlegen können, wäre er nicht überzeugt gewesen, daß er damit nur das Gegenteil bewirkte und die Ritterlichkeit des liebenden Fürsten erst recht herausforderte. Darum beschwor Pechmann Lola Montez, angesichts ihres bewegten Vorlebens auf die Liebe des bayerischen Monarchen freiwillig zu verzichten. Dafür stellte er ihr eine Abfindung von 50 000 Francs in Aussicht. Lola lehnte entrüstet ab. Einen Tag später erfuhr der Freiherr aus dem Munde des Königs seine Absetzung als Polizeidirektor von München.

Lola hatte den Kampf gegen ihre Feinde aufgenommen und denjenigen als ersten zu Fall gebracht, der als erster offen gegen sie zu Feld gezogen war. Der königlichen Gunst und Hilfe fühlte sie sich absolut sicher. Nichts erschien Ludwig zu kostbar und zu teuer, um seine Lola damit zu beglücken. Sie erhielt im Hoftheater ihre Privatloge neben der Hofloge. Eines Tages stand vor ihrem Haus in der Theresienstraße ein hocheleganter Wagen mit rassigen Pferden. Er war ein Geschenk des Königs. Geld gab sie mit vollen Händen aus. Als sie im Modegeschäft Schulze eine mit Brillanten bestickte Tasche auswählte, tat sie es mit den Worten: »Kennen Sie mich nicht? Ludwig wird zahlen!«

Alles und immer zahlte Ludwig, für die livrierten Diener, für das feinste Kristall- und Tafelgeschirr, für Kleider und Pelze, die sie oft nur einen Tag trug, für das erlesene Mobiliar des zum Geschenk gemachten Hauses, für Schmuck und Geschmeide, wie es keine Fürstin herrlicher tragen konnte, für die schlemmerischen Champagnergelage, zu denen Krethi und Plethi Zutritt hatte, weil der Adel und die ganze vornehme Gesellschaft der Residenzstadt Lolas Einladungen geflissentlich übersah. Doch einer ließ sich nicht abhalten, die Señora Tag und Nacht zu besuchen, ohne daß er daraus ein Geheimnis machte: Ludwig, der sie als die schönste Frau der Welt rühmte. Er war stolz, von ihr geliebt zu werden.

Um so weniger sagte das seiner Umgebung zu, seiner Frau Therese, seinen Geschwistern, seinen Kindern, dem ganzen Hof, den Ministern, dem Klerus, der Münchner Bürgerschaft. Man hatte sich damit abgefunden, daß der König immer wieder in heißer Leidenschaft zu irgend einem hübschen weiblichen Wesen entbrannte. Diese Leidenschaft wurde wettgemacht dadurch, daß er Kloster über Kloster gründete und daß er mit seinen genialen Bauten München zum bedeutendsten Kulturzentrum Deutschlands machte. Und jetzt verschwendete er sein Geld und sein Ansehen an eine Landfremde, an eine Abenteurerin mit zweifelhaftem Vorleben, an eine Kokotte – das verzieh ihm niemand in München. Je heißer er Lola liebte, desto mehr erkaltete die Liebe des Volkes zu ihm. Bald wurde in den Münchner Straßen von Lola nur mehr als von dem »Mensch« gesprochen.

Das bekümmerte sie selbst wenig. Sie hatte sich nur eines in den Kopf gesetzt: Über den Mann zu herrschen, der über das Volk herrschte, Königin des Königs zu sein. Dazu mußte sie diesem Volk angehören als gleichberechtigte Bürgerin, die durch kein Polizeimandat und keine private Willkür aus dem Land geschafft werden konnte. Sie begehrte von Ludwig das bayerische Bürgerrecht. Vom Bürgerrecht zum Adelsdiplom schien Lola nur noch ein Schritt. Als Gräfin, als Fürstin wollte sie der Hautevolee zeigen, wer in München was zu sagen hatte. Doch der Wille Lolas und des Königs scheiterte zunächst an der bayerischen Bürokratie. Innenminister Bray-Steinburg legte das Indigenatsdekret dem Staatsrat zur Begutachtung vor. Da Lola Montez über keine persönlichen Ausweispapiere verfügte, sprach sich der Staatsrat gegen die Einbürgerung aus und Regierungspräsident Hormann, der den Monarchen davon verständigte, war mit einem Schlag a. D. Nicht besser erging es dem Minister Bray-Steinburg selbst. Auch er erhielt seine Entlassung. Nachdem sich auch Ministerpräsident Abel weigerte, das Dekret innerhalb 24 Stunden auszustellen, mußten er und das gesamte Kabinett unverzüglich zurücktreten.

Eine ganze Epoche fand damit ihr Ende. Die konservative streng kirchliche Richtung war ausgebootet und eine neue Regierung freiheitlicher Prägung kam ans Ruder. Freudig wurde sie als das Ministerium der Morgenröte begrüßt. Seit langer Zeit inhaftierte Liberale, wie der Bürgermeister Dr. Behr von Würzburg, erlangten die Freiheit, die Büste Luthers fand Zugang in die Walhalla, eine Justiz- und Universitätsreform bahnte sich an, die Schranken der Zensur fielen. Das alles verdankten die Bayern der hergelaufenen »Hur«. Begeisterte Menschen versammelten sich vor ihrem Haus in der Theresienstraße und brachten ihr stürmische Ovationen dar. In Wien schrieb Franz Grillparzer die Verse: »Drum kehrt euch nicht verachtend von dem Weib, in deren Arm ein König ward zum Mann!« Der alte Metternich aber knurrte und wetterte. Auf die Emanzipation einer herrschsüchtigen Mätresse konnte nach seiner Ansicht nur noch die Emanzipation des revolutionären Mobs folgen. Und davor schauderte ihm. Die neue Regierung Maurer-Zu Rhein unterzeichnete gehorsam die Einbürgerungsurkunde, konnte aber nicht verhindern, daß Professor Lasaulx den Antrag stellte, der Universitätssenat möge den zurückgetretenen Ministern den Dank für ihre mutige Haltung aussprechen. Lassaulx wurde vom König entlassen, ein geplanter Fackelzug der Studenten zu Ehren des Entlassenen verboten und ihre Demonstration vor dem Haus der Tänzerin durch Kavallerie mit gezogenem Säbel aufgelöst.

Zu den Anstiftern der Studentenunruhen zählte der König die streng katholischen Professoren Philip, Höfler, Moy, Döllinger, Deutinger, Sepp, Görres und Ringseis, deren Amtsenthebung er mit Ausnahme der beiden letzteren anordnete. Das erbitterte die Paladine des Hofes. So setzte sich Graf Arco-Valley, ein Ahnherr jenes Arco, der später Eisner erschoß, dafür ein, daß der König unter Kuratel gestellt würde. Außerdem versprach er, am selben Tag, an dem sich dieser von seinem Kebsweib trennte, 5000 Gulden an die Armen von München zu verteilen. Keinem der also Opponierenden und Protestierenden kam in den Sinn, wie sehr sie ihren Souverän durch die Einmischung in seine privaten Verhältnisse kränkten. Er, der seit Jahrzehnten beinahe absolut herrschte, sollte mit einem Mal vor der breiten Öffentlichkeit sein »pater, peccavi« sprechen und die Frau, die er am meisten liebte, der Staatsraison opfern. Er tat es vorerst nicht.

Getreu seiner Auffassung eines über dem Gesetz stehenden Potentaten, der sich nichts von Ministern vorschreiben ließ, befahl er ihnen, Señora Lola Montez in den gräflichen Stand zu erheben. Es kam zur letzten Kraftprobe zwischen absolutem Königtum und der sich zum moralischen Widerstand verpflichtet fühlenden Kamarilla. Wohl erzwang der König noch am 24. August 1847 für Lola Montez das Adelsdiplom als Gräfin Landsfeld, aber als dann Lola zu ihrem persönlichen Schutz gegen die randalierenden Studenten die Burschenschaft Alemannia gründete und damit die anderen ihr feindlich gesinnten Burschenschaften bis zur Weißglut reizte, brauchte es nur mehr einen Funken, um das Pulverfaß zur Explosion zu bringen. Da starb Joseph von Görres. Den Toten, einen erklärten Gegner Lolas, beabsichtigte die Universität mit einem Fackelzug zu ehren. Auch dieser mußte unterbleiben. Darauf kam es zum offenen Aufruhr der Studenten. Die Universität wurde geschlossen. In München standen die Zeichen auf Sturm.

Schon längst war das Ministerium der Morgenröte durch das Ministerium Oettingen-Wallerstein abgelöst, aber auch Oettingen-Wallerstein drohte mit seiner Demission, falls sich der König nicht von seiner Geliebten trennte. Ihr Leben und ihre Sicherheit waren nach einem tätlichen Angriff der Studenten auf sie gefährdet. Zudem verbündete sich jetzt die Landwehr mit den Studenten. Bürgerkrieg drohte, auf beiden Seiten standen Bewaffnete. Und das alles, wie die Münchner schimpften, wegen einer spanischen Schlampe, die den sechzigjährigen Liebhaber behext hatte. Ludwig mußte sich entscheiden zwischen Volk und Lola, zwischen Ausweisung der Gräfin und Blutvergießen in den Straßen Münchens. Mit äußerstem Widerstreben stimmte er der Ausweisung zu.

Am 11. Februar 1848 verließ Lola München, während der Pöbel ihr neues Palais in der Barer Straße stürmte und plünderte. Sie versuchte noch einmal zurückzukehren, vergebens. Jetzt gab der König unter dem Druck der Straße jene berühmte Erklärung ab, durch die Lola das bayerische Bürgerrecht verlor. Eine große Liebe war zu Ende. Fünf Wochen später dankte der am Prinzip des Gottesgnadentums festhaltende Monarch ab, weil er nicht mehr selbstherrlich weiter regieren konnte wie bisher. Die aus München Verjagte begann ihre Irrfahrt durch die ganze Welt. Dreizehn Jahre lang hetzte sie von Kontinent zu Kontinent und verdiente sich ihr Geld durch die Zurschaustellung als ehemalige Geliebte eines Königs.

Ludwig schwieg. Über seine Lippen kam nie wieder das Wort Lola. Als sie 1861, kaum dreiundvierzig Jahre alt, in bitterer Armut starb, huldigte der zweiundsiebzigjährige Exkönig in stürmischer Liebe der siebzehnjährigen Baronesse Carlotta von Breidbach-Bürresheim.

Amalie Hohenester

Die Doktorbäuerin von Mariabrunn

Über Geburt und Jugend der Amalie Hohenester, der sogenannten Doktorbäuerin von Mariabrunn, das sie vor einem Jahrhundert zum Weltbad gemacht hat, ist gnädiges Dunkel gebreitet. Man weiß nur soviel, daß sie im Jahre 1827 als Tochter des Lorenz Haberl und seiner Frau Leni geboren wurde. In einem einsamen Häuschen der Ortschaft Marschall bei Holzkirchen soll der Lorenz gehaust und sein Dasein mehr als Wildschütz denn als Taglöhner gefristet haben. Angeblich wurde er beim Wildern von einem Jäger überrascht und schwer verwundet. Seine hochschwangere Frau Leni, die zum Doktor nach Holzkirchen lief, habe mitten im Wald, als gerade ein schweres Gewitter niederging, ein Mädchen geboren und sei daran gestorben, während ihr Mann zur selben Zeit seiner Verwundung erlag, erzählt der Volksmund, der auch berichtet, in Lenis Adern sei Zigeunerblut geflossen. Die Vollwaise wurde auf den Namen Amalie getauft.

Später ging sie in die Fremde. Was sie dort trieb und wovon sie lebte, wußte niemand so recht. Eines Tages jedenfalls bekam sie das unstete Leben satt und kehrte in die Heimat zurück, um zu heiraten. Der Gütler Benedikt Hohenester war ihr Auserwählter, mit dem sie schließlich nach Deisenhofen zog. Dort wirkte sie fortan als Naturheilkundige und erwarb sich großes Ansehen als Frau Doktorbäuerin, wie sie von ihren Patienten angeredet wurde. Woher sie ihre Kenntnisse und Fähigkeiten hatte, blieb ihr Geheimnis. Manche schrieben ihre Heilkraft dem Zigeunerblut zu. In Wirklichkeit wird sie einiges den alten Kräuterweiblein abgelauscht haben, deren es damals zahlreiche in den Wäldern um München gab. Sie waren ihre »Lieferanten« für Kräuter und Beeren. Dazu kam die ausgezeichnete Beobachtungsgabe Amalie Hohenesters, gepaart mit einer starken hypnotischen Wirkungskraft. Sicher wußte sie auch Bescheid um bäuerliche Hausrezepte, wie sie auf den Höfen seit Jahrhunderten weitergegeben wurden.

In ihrer Behandlung kam es zu manchem Fehlschlag; sie erzielte aber auch große Erfolge. Ihr unansehnliches Häuschen in Deisenhofen wurde zum Mekka von kranken, hilfesuchenden Bauern, Arbeitern, Handwerkern, Beamten, Geschäftsleuten, Offizieren, Adeligen, Millionären, kurz von Angehörigen aller Berufe und Stände. Ein Patient gab dem anderen die Türklinke in die Hand. Die Doktorbäuerin verwöhnte sie nicht. Derb und keinen Widerspruch duldend verfuhr sie mit ihnen. Sie schröpfte die Reichen und erließ vielen Armen die Schuld, wenn sie ihre Rechnung nicht bezahlen konnten.

Mit den geglückten Kuren an prominenten Patienten erregte sie Aufsehen weit über die Grenzen Bayerns hinaus. Die Ärzte bekamen es mit der Sorge um die eigene Existenz zu tun und richteten immer wieder Beschwerden an die Regierung. Obwohl sich hochgestellte Persönlichkeiten für die »Deisenhofenerin« verwendeten, blieb den Behörden doch nichts anderes übrig, als ihr vorerst wegen »unberechtigten Verkaufs von Arzneimitteln« eine Geldstrafe aufzuerlegen. Darüber lachte die Bestrafte nur. Geld hatte sie wie Heu, da konnte sie eine solche Bagatelle leicht bezahlen. Eine zweite Geldstrafe folgte. Amalie zahlte wieder, ohne mit einer Wimper zu zucken. Und sie behandelte ihre Patienten weiter, als wäre nichts geschehen.

Jetzt wurden die Behörden ungemütlich. Man beorderte Gendarmerie an den Bahnhof von Deisenhofen. Diese nahm den Patienten die Medizinfläschchen ab, die sie von der Doktorbäuerin erhalten hatten, und auf der Stelle wurden die Gläser zerschlagen. Das umging die Hohenester dadurch, daß sie ihren Patienten einfach ins Haus bringen ließ, was sie bei ihr gekauft hatten. Doch das Auge des Gesetzes wachte und die fortwährende Übertretung der amtlichen Vorschriften wurde dadurch geahndet, daß die Doktorbäuerin ins Gefängnis wandern mußte. Sie machte eine pompöse Schau daraus und stellte sich, umgeben von einer großen Schar gläubiger Anhänger, der Gefängnisbehörde. Sie war in schwarze Seide gekleidet und über und über mit Schmuck behängt. So stand sie vor dem Gefängnistor keineswegs als arme Sünderin, wie es das Gericht gewünscht hatte. Von diesem nicht gewünscht war auch, daß sie als Märtyrerin einer guten Sache immer höher in der Volksgunst stieg.

Nach Verbüßung der Haft drohte ihr ein neuer Prozeß wegen Kurpfuscherei und Betrugs. Da griff eine höhere

Macht ein. Kaiserin Elisabeth von Österreich hatte von ihren bayerischen Vettern und Basen gehört, wie eine gewisse Hohenester von Deisenhofen die ärztliche Kunst in den Schatten stellte. Da sich Elisabeth schwerkrank fühlte und nirgends Heilung fand, lud sie die Doktorbäuerin samt ihrem Mann zu sich nach Wien ein. Amalie reiste mit ihrem Benedikt in die Donaustadt und blieb dort zwölf Tage. In dieser Zeit befreite sie die Kaiserin von ihrem Leiden. Elisabeth belohnte sie wahrhaft fürstlich.

Jetzt waren die Hohenesters reiche Leute und konnten Bad Mariabrunn, auf das sie ein Ottershauser Bauer aufmerksam gemacht hatte, käuflich erwerben. Mariabrunn liegt ein paar Kilometer nördlich von Dachau. Bekannt geworden war es durch seine Heilquelle. Da es aber jeden Käufer wegen seines verwahrlosten Zustands abschreckte, hatte Benedikt, der es einhandeln mußte, leichtes Spiel. Bei dem Anwesen waren außer zwanzig Tagwerk Acker, Wiese und Wald lediglich zwei Kühe. Die Hohenesters brachten im Lauf der Jahre zwischen 1866 und 1878 den Besitz auf 300 Tagwerk, dazu kamen neue Ställe für 80 Stück Rindvieh, 300 Schafe und 30 Pferde, außerdem bauten sie eine eigene Brauerei. Das Badehaus mit den Badezimmern und zwölf Fremdenkammern wurde um das Doppelte erweitert, und anstelle des kleinen baufälligen Wohnhäuschens errichteten die neuen Besitzer ein dreistöckiges Wohn- und Wirtschaftsgebäude.

Entsprechend vermehrte sich das Haus- und Dienstpersonal. In Mariabrunn schalteten und walteten nunmehr ein Badearzt, um die nicht ärztlich ausgebildete Chefin nach außen hin zu vertreten, ein Badeverwalter, ein Ökonomieverwalter, ein Küchenchef, ein Konditor, ein Bräumeister, ein Bademeister, zwei Gärtner, ein Bäcker, ein Ziegelmeister, zehn Ziegler, ein Schäfer, ein Torfbaumeister, ein

Wagner, ein Schäffler, drei Stallschweizer, zwei Schmiede, drei Metzger, ein Oberkellner, zwei Saalkellner, ein Schenkkellner, ein Gartenkellner, zwei Stellwagenführer, vier Kutscher, sieben Bräuburschen, ein Hausknecht, ein Stiefelwichser, sechs Pferdeknechte, sechs Ochsenknechte, ein Schnapsbrenner, sechs Ökonomieknechte, sechs ständige Taglöhner, zwei Köchinnen, sieben Zimmermädchen, drei Küchenmägde, vier Hausmägde und eine Hühnermagd, insgesamt fünfundneunzig Bedienstete. Anders hätten die Hohenesters den gewaltigen Andrang nicht gemeistert.

Aus dem kleinen vergessenen oberbayerischen Kurbad war ein Weltbad geworden. Man hörte dort mehr russische, französische und englische als deutsche Laute. Nach Mariabrunn kamen Könige, Großfürsten, Prinzen, Generäle, Minister, Gesandte und außer dem Hochadel auch der Geldadel Europas. Unter anderen kamen die Königin von Hannover, Großfürst Nikolajewitsch, später Generalissimus der russischen Armee im Ersten Weltkrieg, die Großfürstin Alexandra, der Fürst Woronzow, die Prinzessinnen Reuß und Therese von Altenburg, der Graf Stoganoff, General Trepoff, General Todtleben und wie sie alle hießen. Von weither trafen die Patienten ein, aus Australien, aus Amerika, aus England, Schweden, Frankreich, Rußland und Persien. Und die Doktorbäuerin untersuchte sie alle und kurierte viele, und sie wurde von allen verstanden, wenn sie auch nur ihr kräftiges Altbayerisch sprach. Stark genug war der Zauber ihrer faszinierenden Persönlichkeit, um auf die vom Wunderglauben beseelten Menschen einzuwirken.

Krankenbesuch am Bett ihrer Patienten machte sie stets in großer Toilette. Sie trug gewöhnlich ein schwarzseidenes Schleppkleid, einen Tüllüberwurf, ein Käppchen mit

Schleier, Glacéhandschuhe, kostbaren Goldschmuck und den Kyrillorden, eine der höchsten russischen Auszeichnungen. Auf weitläufige Diskussionen ließ sie sich nicht ein. Sie erklärte kategorisch, welche Krankheit der Patient hatte, und sie verlangte unbedingten Gehorsam ihren Anweisungen gegenüber. Wer sich nicht fügte, hatte das Bad augenblicklich zu verlassen. Da machte sie keinen Unterschied zwischen arm und reich. Die Großen der Welt wurden klein vor dieser Frau.

Sie war alles in einer Person, Bäuerin, Ärztin, Apothekerin, Psychotherapeutin, Wirtin. Damit verdiente sie im Jahr weit über hunderttausend Gulden, was heute einer Millionensumme gleichkommt. Ihre Medizinen kaufte sie in normalen Apotheken, viele andere harmlose Arzneimittel und Salben in Drogerien und die Kräuter vornehmlich von alten Weiblein aus der Umgebung von Mariabrunn, obwohl sie behauptete, eine große Anzahl davon bezöge sie aus der Schweiz, ja sogar aus Indien. Naturtees bildeten einen wichtigen Bestandteil der Kur. Sie waren blutreinigend und appetitfördernd, konnten also kaum etwas verderben. Urinuntersuchung spielte in Mariabrunn eine große Rolle. Ständig waren die sogenannten Urinträgerinnen mit ihren Gläsern unterwegs. Sehr geschickt wußte das Faktotum Resl, ein Zimmermädchen, die Patienten auszuhorchen, bevor sie von der Doktorbäuerin untersucht wurden. Dann hörten sie aus dem Mund Amalies genau das, was sie quälte und was ihnen fehlte. Das erhöhte den Nimbus der Doktorin wesentlich. Interessant war, daß sie als ihren Badearzt einen früheren Protegé der Lola Montez, nämlich Dr. Curtius, gewählt hatte.

Wie eine Romanepisode mutet ihre Begegnung mit Adele Spitzeder an. Beide Frauen standen im Zenit ihres Ruhmes. Die eine feierte man als Finanzgenie, die andere als Wundertäterin. Adele Spitzeder fühlte Herzbeschwerden, darum ließ sie einspannen und sich nach Mariabrunn kutschieren. Was die beiden millionenschweren Frauen miteinander sprachen, erfuhr niemand; sie verabschiedeten sich herzlich voneinander wie leibliche Schwestern. Anscheinend fruchtete die ärztliche Beratung; denn Adele überlebte Amalie um achtzehn Jahre.

So liebenswürdig, wie die Hohenester mit der Spitzeder war, gab sie sich sonst nicht immer. Gegen ihr Personal, aber auch gegen ihre Patienten konnte sie zuweilen wie eine Furie wüten. Es wurde ihr sogar nachgesagt, daß sie auf ihre Knechte manchmal mit Peitsche und Pistole losging, um sie einzuschüchtern. In ihrem Zorn war sie unzurechnungsfähig, in ihrer Rechthaberei unausstehlich, in ihren Launen unberechenbar. Sie warf heute das Geld mit vollen Händen hinaus und morgen knickerte sie wie ein Bettelweib. Ihrer ganzen Umgebung mißtraute sie, und zwar mit Recht. Die Bauern der Gegend wurzten die Doktorbäuerin, wo und wie sie konnten, mit der Begründung: »De hat's!«

Kindlich fromm hing Amalie Hohenester an der Mariabrunner Kapelle. Nichts war ihr dafür zu teuer und zu kostbar. Gern sah sie es aber auch, wenn ihre Patienten dafür etwas »springen« ließen. Noch heute schmücken die Kapelle zwei Glasfenster, die von der Kaiserin Elisabeth gestiftet worden sind. Das eine stellt die hl. Amalie dar, das andere den hl. Benedikt, die Namenspatrone der Doktorbäuerin und ihres Mannes. Jedes Jahr am Ostersonntag ließ die Chefin von Mariabrunn in der Kapelle einen Gottesdienst abhalten; dabei beichteten und kommunizierten sowohl das Ehepaar Hohenester als auch ihre sämtlichen Bediensteten. Trotz ihrer Religiosität war die »Bründlfrau«, wie sie in der Dachauer Gegend auch hieß, äußerst abergläubisch. Eine panische Angst empfand sie vor starkem Wind, Gewitter, Zeitungsschreibern, Zigeunern und dem Tod. Gegen Wind und Gewitter schützte sie sich dadurch, daß sie gegebenenfalls keinen Schritt von der Seite ihres Mannes und der gerade zur Verfügung stehenden Dienstboten wich. Zeitungsschreiber ließ sie prompt abblitzen, Zigeuner beschenkte sie reichlich, verlangte von ihnen aber, daß sie auf der Stelle weiterzogen; gegen den Tod allerdings, das wußte sie genau, war kein Kraut gewachsen, auch nicht in den Wäldern um Mariabrunn.

Am 24. März 1878 saß Benedikt wie gewöhnlich beim Dämmerschoppen in der hauseigenen Wirtschaft. Da war ein starkes Klopfen aus dem unmittelbar darüber liegenden ehelichen Schlafgemach zu hören. Die Doktorbäuerin zitierte durch das Klopfen mit dem Stock ihren Mann herbei. Oben im Zimmer sagte sie ihm, ihr linker Arm schwelle an. Benedikt erschrak. Das hatte sie schon oft prophezeit: Wenn ihr Arm anschwelle, müsse sie sterben. Um Mitternacht war es soweit. Amalie tat noch ein paar Atemzüge, dann war sie tot. Doktor wollte sie keinen, und viel zu spät kam der Pfarrer von Ampermoching, weil er erst aus dem Bett geholt werden mußte. Die 51jährige Doktorbäuerin starb an Herzverfettung. Als sie zu Grabe getragen wurde, knickte ein Sturm viele Bäume in Mariabrunn.

Adele Spitzeder

Die Bank-Madame

Alois Fränkel, der Besitzer des Hotels Munkert in der Münchner Dienerstraße, musterte die beiden Ankömmlinge, die sich bei ihm einmieten wollten. Das waren zwei Frauen, die eine zwischen dreißig und vierzig, die andere kaum zwanzigjährig. Sie machten einen beinahe armseligen Eindruck. Die Ältere trug ein schwarzes zerschlissenes Kleid und dazu ein merkwürdiges Kapotthütchen, der üppige Körper der Jüngeren war in ein billiges buntes Fähnchen gehüllt und daß die Füße der Damen in einem rissigen Schuhwerk mit abgetretenen Absätzen steckten, entging dem kritischen Auge des Hotelbesitzers nicht.
Trotzdem wies er ihnen ein Doppelzimmer im fünften Stockwerk an, da die Ältere Quittungen vorlegte, aus denen hervorging, daß ihr die Mutter monatlich fünfzig Gulden überwies. Die von den Frauen mitgebrachten Schoß-

hunde, sechs an der Zahl, wollte der Wirt nur dulden, solange sie ihm nicht Zimmer und Bettzeug beschmutzten. Und das Gepäck, zwei Koffer, etliche Schachteln und eine alte Kaffeemühle, meinte er, würden sein Zimmer nicht gerade verunstalten.

Dann notierte er die Namen der neuen Gäste: Adele Spitzeder, Privatiere, und Emilie Branitzka, ihre Gesellschafterin. Zu bezahlen hatten sie eine Woche im voraus, also drei Gulden für die Zeit vom 9. bis 16. September 1868. Daß die Privatiere, wie sie erzählte, von dem berühmten Baß-Buffo Josef Spitzeder, in den vierziger Jahren kgl. bayerischer Hofopernsänger, und dessen Frau Betty, ebenfalls kgl. bayerische Hofopernsängerin, abstammte, dünkte den Wirt eine gewisse Sicherheit und, als die neuen Gäste französische Konversation miteinander führten, schloß der gute Fränkel daraus, er habe es doch mit gebildeten Leuten zu tun.

Kurz darauf quartierten sich Italiener als Gäste bei ihm ein. Mit diesen unterhielt sich Adele Spitzeder fließend in deren Sprache. Dem erstaunten Wirt teilte sie ganz nebenbei mit, daß sie genauso mit Engländern, Spaniern, Holländern und Dänen parlieren könne, ohne in Verlegenheit zu kommen. Das habe sie der sorgfältigen Erziehung zu verdanken, die ihr einst die Mutter angedeihen ließ. Übrigens sei sie, bevor sie sich ins Privatleben zurückzog, Schauspielerin am Münchner Hoftheater gewesen und habe König Ludwig I. vor zwanzig Jahren mit der Darstellung der Titelrolle in dem Drama »Deborah« entzückt. Und auch in anderen Städten wie Coburg, Mannheim, Frankfurt am Main und Zürich sei sie mit Erfolg aufgetreten.

Daß sie Zürich unter Hinterlassung von großen Schulden verlassen hatte, weil ihr der Boden unter den Füßen brannte, erzählte sie nicht, auch nicht, daß sie eigentlich geborene Berlinerin war. Das wäre zwei Jahre nach dem Krieg der Bayern gegen die Preußen für sie kein besonderes Renommee gewesen. Daß sie als Frau Zigarren rauchte, gefiel dem Wirt schon besser, weil sie ihm immer wieder davon anbot.

Für zwei Personen und sechs Hunde reichte der mütterliche Monatswechsel von 50 Gulden aber nicht aus. Die Privatiere mußte das benötigte Geld anderswo besorgen. Nach ihren Erfahrungen mit Wucherern, denen sie horrende Zinsen zu zahlen hatte, kam sie auf die glückliche Idee, geliehenes Geld mit hohen Zinsen auszustatten. Ein Zimmermann in der Au wurde ihr erster Kunde. Er brachte Geld von sich und anderen, dafür zahlte sie ihm 10 Prozent Zinsen für die nächsten zwei Monate sofort und außerdem stellte sie ihm einen Wechsel aus, fällig in drei Monaten mit den für den dritten Monat anfallenden Zinsen.

Diese günstigen Bedingungen sprachen sich schnell herum, und von allen Stadtteilen kamen Leute mit Geld zur Spitzeder. Sie sagte, sie sei nicht imstande, auch nur die geringste Sicherheit oder Deckung zu bieten, darauf erwiderten die Geldbringer: »Dös macht gar nix, mir wolln's bei Eahna halt probiern!« Und sie legten ihre Rollen mit hundert Gulden und mehr auf den Tisch. Beträchtliche Summen erhielt sie von Arbeitern aus der Giesinger Lederfabrik, unter denen sich viele Dachauer befanden. So bekam das rein private Geldinstitut Adeles den Spitznamen »Dachauer Bank«, und bald wurde in den Wirtshäusern ein Lied mit dem Refrain gesungen: »De Dachauer Bank kriagt no's Geld vom ganzen Land.« Den Geldanlegern machte es nichts aus, daß sie von der Spitzederin grob behandelt wurden und sich Kalbsköpfe schimpfen lassen mußten und lästiges Gesindel, das sich zum Teufel scheren solle. Darauf antworteten sie nur: »Mir habn Vertrauen zu

Eahna, und wenn ma was verliern, macht's aa nix, mir habn scho mehra verlorn!«

Über das Haus Adeles, die im Jahre 1871 vom Hotel Munkert in das von ihr gekaufte Anwesen Schönfeldstraße 9 übergesiedelt war, rollte die Geldlawine. Es gab Tage, da hier 100 000 Gulden und mehr einbezahlt wurden. Aus allen Ständen und Berufen stammten die zinshungrigen Geldanleger. Auch Geistliche waren darunter wie Michael Buchele, Pfarrer von Hirtelbach. Die Privatiere und der Pfarrer wurden so gute Freunde, daß sie ihn zum Essen und er sie samt Gesellschafterin in den Pfarrhof nach Hirtelbach einlud. Aber nicht nur er beehrte das Etablissement von Madame Spitzeder, auch der Pfarrer von Mariahilf in der Au tat dies, nachdem er sie von der Kanzel aus eine feile Dienerin des Mammons genannt hatte. Sie drohte ihm mit Anzeige wegen verleumderischer Beleidigung, da erschien er selbst bei ihr und bat sie um 1000 Gulden für wohltätige Zwecke. Sie gab ihm das Geld, was zur Folge hatte, daß er nie wieder gegen das Sodom und Gomorrha in der Schönfeldstraße wetterte. Monsignore Kamreuther erhielt von Adele die respektable Summe von 10 000 Gulden für das Katholische Kasino. Von Monsignore stammt der Ausspruch: »Vertrauet zuerst auf Gott und dann auf Adele!«

In dieser Zeit schätzte die Adele ihr Vermögen auf zehn bis zwanzig Millionen Gulden. Die Summe stand nicht fest, weil sie keine Bücher führte und Ein- und Auszahlungen nur auf einfachen Listen vermerkte. Aber nie ließ sie einen Wechsel uneingelöst, selbst nicht an dem Tag, an dem die Polizei die Türen ihres Hauses versiegelte und sie selbst ins Gefängnis abführte.

Aber noch war es nicht so weit. Noch bewachten ein paar Dutzend Angestellte ihre Chefin wie Ausgeburten und

Nachgeburten des Höllenhundes. Adeles persönliche Sicherheit lag ihnen allerdings weniger am Herzen als ihre Münzen und Banknoten. Als die Privatiere einmal nach einem langen arbeitsreichen Einzahltag Kassensturz machte, bemerkte sie, daß von den eingenommenen 70 000 Gulden nicht weniger als 10 000 fehlten. Mit Reitpeitsche und Pistole bedrohte sie ihre unehrliche Umgebung so lange, bis die vermißten 10 000 wieder auf dem Tisch lagen. Sie hatte in dem verhängnisvollen Wahn, ehemalige Polizeibeamte, Gendarmen, Gefängnisaufseher und ähnliche Leute böten ihr am ehesten Gewähr für Treue und Zuverlässigkeit, hauptsächlich solche Personen in ihren Dienst gestellt. Trotzdem wurde sie von diesen allen schändlich belogen und betrogen. Aus dem Bankrott der Chefin gingen ihre Diener als reiche Leute hervor.

Vor ihrem Bankrott galt die Spitzeder als der weibliche Krösus von München, von der nicht zuletzt die Presse profitierte, die *Münchner Neuesten Nachrichten* und der *Bayerische Landbote,* weil sie sensationelle Brandartikel gegen das neue Finanzgenie veröffentlichten, der *Süddeutsche Telegraph,* der *Volksbote,* das *Extrablatt* und das *Münchner Tageblatt,* weil sie in den persönlichen Besitz der Privatiere übergingen und begreiflicherweise ihr Loblied sangen. Einen Redakteur kaufte sich die Spitzeder mit 14 000 Gulden. Dafür mußte er sich schriftlich verpflichten, nie mehr eine Zeile gegen sie zu schreiben. So viel war ihr die Publicity schon wert. Dafür tat sie auch sonst einiges.

Sie richtete in dem Haus Nr. 4 am Platzl und in dem Anwesen Falkenturmgasse 4 eine Volksküche mit zwei Speiseabteilungen ein, eine im Parterre für die »gewöhnliche Volksklasse«, die andere für die »feinere Klasse« im ersten Stock. Im Parterre erhielt man ein komplettes Essen für

10 Kreuzer, im ersten Stock für 13 Kreuzer. Die Münchner Volksküche von Adele Spitzeder hatte einen solchen Zulauf, daß an manchen Tagen drei Ochsen und zwanzig Kälber geschlachtet werden mußten. Das Bier floß in Strömen, denn es wurde um einen Kreuzer billiger als in den anderen Gaststätten Münchens ausgeschenkt. Und oftmals am Tag ließen die begeisterten Gäste »unsere Spitzeder« hochleben, deren »Wahlspruch« lautete: »Alles aus dem Volk und für das Volk!«

Sie trug sich auch sonst mit hochfliegenden Plänen. Zum Beispiel hatte sie vor, eine Brotfabrik aufzumachen, um damit den Brotpreis der Münchner Bäckereien zu drücken. Sie wollte auch so etwas Ähnliches wie die Augsburger Fuggerei errichten, das heißt ein Altenheim mit kleinen Separatwohnungen zu billigen Preisen. Und wenn es nach ihr gegangen wäre, hätte die erste Pferdetrambahn in München ihren Namen getragen. Der Anfang war schon mit einem Schienenstrang in Nymphenburg geplant.

Eine Lieblingsidee von ihr schien ein richtiges Volkstheater zu sein. So kaufte sie die Westendhalle um den Preis von 93 000 Gulden und schickte bereits ihre Agenten nach Wien zu Kontraktverhandlungen mit Schauspielern und Sängern. Der Eintritt für den Saal sollte 15 Kreuzer kosten, die Plätze der Parterrelogen 30 Kreuzer und die Logenplätze auf der Galerie 1 Gulden. Als Star der Westendhalle sah sie sich schon selbst. Einmal in der Woche wollte sie auftreten und die Kassen füllen. Als Eröffnungstermin des neuen Theaters wurde der 6. Januar 1873 festgesetzt. Aber zwei Monate vorher, am 12. November 1872, ging der erste Akt einer Tragikomödie in der Schönfeldstraße über die Bretter und die Hauptrolle darin spielte sie selbst. Es war der Tag ihrer Verhaftung.

Ihre Feinde waren nicht untätig geblieben. Wo und wie sie

konnten, hatten sie ihre Gläubiger aufgerufen, bei Adele Spitzeder ihre Wechsel einzulösen. Da man die Zahl der Wechselinhaber auf 30 000 schätzte, hätte deren gleichzeitiges Auftreten natürlicherweise den sofortigen Bankrott des Unternehmens bedeutet. Schon um halb vier Uhr früh drängte sich eine Menschenmenge in das Haus der Spitzeder und verlangte die Einlösung ihrer Wechsel. Um sieben Uhr morgens begannen Adeles Zahlmeister mit ihrem Tagwerk und bis nachmittags vier Uhr waren 180 000 Gulden ausbezahlt.

Die dermaßen zufriedengestellten Gläubiger scharten sich wie eine Leibgarde um ihre solvente Schuldnerin und erboten sich zu ihrem Schutz, wenn es die Polizei und das Gericht wagen sollten, die gute Zahlerin zu arretieren. Sie selbst behielt ruhig Blut und schickte ihre »Beschützer« weg. Sie habe ein gutes Gewissen, sagte sie, und ihr könne nichts geschehen. Als sich die Menge zerstreut hatte, erschien die Gerichtskommission, sieben Mann stark. Man verlangte ihre Handelsbücher. Da legte sie drei Quarthefte vor, eines, in dem sie die täglich eingelegten Obligationen eintrug, eines, in dem die Namen der Einleger eingeschrieben wurden, und ein drittes, in dem das Publikum die Wechselauszahlungen quittierte. Da die Spitzeder einige Dutzend Häuser in München, für eine Million Gulden Staatspapiere, 80 000 Gulden Silbergeld und Schmuck im Wert von 60 000 Gulden besaß, belief sich ihr Aktivguthaben auf etwa 2 000 000 Gulden. Ihre Schulden konnten vorläufig nicht geschätzt werden, weil alle umlaufenden Wechsel gar nicht vorlagen. Tatsächlich betrug die Schuldenmasse an die 10 000 000 Gulden.

Obwohl die wegen betrügerischen Bankrotts Angezeigte vor der Kommission eine bewundernswerte Haltung bewahrte, konnte sie nicht verhindern, daß sie am Ende von

zwei Polizisten und einem Gerichtsvollzieher in das Gefängnis an der Baaderstraße abgeführt wurde. Ihre »Freundin«, die ehemalige Schauspielerin Rosa Ehinger, und ihr Lieblingshund Daisy durften sie vorerst in die Gefangenschaft begleiten. Ein Kistchen Zigarren brachte galanterweise der Gerichtsvollzieher Schneider mit.
In der Schwurgerichtsverhandlung am 14. Juli 1873 wurde sie von den 13 aus München und Freising stammenden Schöffen einstimmig schuldig gesprochen und von den Richtern zu drei Jahren Zuchthaus außer der schon verbüßten Untersuchungshaft von zehn Monaten verurteilt. Als freie Leute aber verließen die betrügerischen Angestellten den Gerichtssaal. Juristisch schuldlos durften sich auch jene ehrsamen Bürger betrachten, die sie bestochen oder sonstwie zu ihren Parteigängern gemacht hatte. Die Geschädigten, hauptsächlich kleine Leute, die ihre sauer ersparten Groschen zu Madame Spitzeder getragen hatten, erhielten nur einen kleinen Teil ihres Schadens ersetzt. Das war die Quittung dafür, daß sie einen kühnen Traum schwindelhaft hoher Zinsen geträumt hatten, den das Schicksal normalerweise nur einigen Auserwählten der Geldaristokratie zubilligt.

Adele Spitzeder überlebte ihren Sturz noch 23 Jahre. Zuerst betätigte sie sich als Schriftstellerin, indem sie eine Autobiographie schrieb, später komponierte sie Salonstücke, doch der Erfolg blieb aus. An ihre Person erinnerten noch jahrzehntelang Hunderte von Adelen, bei denen sie Patin gestanden hatte. Heute noch existiert die Wirtschaft »Wilhelm Tell« in der Schönfeldstraße. In dieser haben Kunden der Privatiere oft weit über den Durst getrunken, wenn sie ihre Geldsäcke zur Märchenfee von der Dachauer Bank schleppten.

Georg Jennerwein

Der Wildschütz

6. November 1877. Auf der Stillwiese am Peißenberg rührt sich kein Lüfterl und piepst kein Vogel, aber die Sonne scheint golden und warm, wie es manchmal noch im späten Herbst vorkommt. Das freut den Burschen mit dem grünen Hütel und dem Gamsbart drauf. Er schlendert über die Waldlichtung, setzt sich auf einen Baumstumpf nicht weit vom Waldrand und macht Brotzeit mit einem Stück Speckwurst, die er zum Brot ißt. Damit ihn das Gewehr nicht stört, das er dabei hat, legt er es sacht über die Knie.

Man muß höllisch aufpassen mit so einem geladenen Ding, das weiß er. Der Schuß kann leicht losgehen, und wenn auch sonst nichts passiert, die Jäger werden gleich rebellisch, sobald sie den Knall hören, und dann bleiben sie einem auf den Fersen. Besser ist es für einen Wilderer, er kommt mit dem Jäger gar nicht zusammen, das könnte ein Kampf auf Leben und Tod werden.

Der Wilderer ist der Jennerwein Girgl, von Beruf Holzhauer, aus Passion Wildschütz. Als lediges Kind der Maria Jennerwein von Großhartpenning hat er keine schöne Jugend gehabt, dafür entschädigt er sich jetzt mit der Jagd. Er hat kein Recht zu schießen, er ist ja kein Jäger und kein Jagdpächter, aber ihn treibt eine unstillbare Leidenschaft zum Jagen, und wenn er einen Rehbock sieht, einen Hirsch oder eine Gams, und sie kommen ihm richtig vor die Büchse, muß er auf den Abzugshahn drücken, ob er will oder nicht. An einem solchen Viech ist was dran, so viel nämlich, daß er in wochenlanger Arbeit das nicht verdient, was ihm die Jagdbeute so schnell einbringt. Die Bauern kaufen bei ihm, weil sie's von ihm billiger kriegen als beim Jäger oder gar beim Wildbrethändler, und auch die Wirte greifen gern nach seiner Ware. Im Kochtopf kennt's keiner mehr, daß das Fleisch von einem »Lumpen« stammt, wie die Jäger jeden Wilderer nennen. Heut ist sein Rucksack noch leer, aber er hat Hunger und da will er erst einmal Brotzeit machen und dann weiter pirschen. Den Rucksack hat er vom Buckel genommen und neben den Baumstumpf gestellt. Und die Wurst schmeckt ihm. Verdammt, ist das Leben schön!

Jennerwein merkt nicht, daß sich in seinem Rücken ein anderer angeschlichen hat, ein Jäger, der Jagdgehilfe Johann Pföderl vom Forstamt Schliersee. Die zwei sind sich von jeher gram. Früher war der Pföderl Fuhrknecht beim Sagmüller Franz Xaver Niederhofer in Reichersbeuern. Dann ist er umgestanden zu »de Greana« und hat's jetzt ganz wichtig, wenn's darum geht, daß er diejenigen beim Wildern ertappt, mit denen er sich schon auf dem Tanzboden oder sonstwo herumgeschlagen hat. Der Forstmeister Mayer schätzt den Pföderl sehr, viel mehr als den alten gutmütigen Jagdgehilfen Lerchenauer, der ihm nicht energisch genug auftritt gegen die »Lumpen«. An der Stelle, wo sich Pföderl hinter dem Jennerwein anschleicht, ist eigentlich das Revier vom Lerchenauer, aber das macht nichts. Wo man einen Wilderer erwischt, muß man ihn fassen. Und das Gewehr hat der Jennerwein auch dabei, das beweist, was er beabsichtigt. Da gibt es nichts anderes als ihn stellen.

Was heißt da stellen? Der Jennerwein ist ein gefährlicher Loder, ein Aufdraaher, der keine Gelegenheit vorbeigehen läßt, Pföderl zu ärgern, ihn aufzuziehen und ihm die Weiberleut auszuspannen. Und noch dazu ist der Jennerwein berühmt als guter Schütze. Der schießt einen Spatzen vom höchsten Kirchturm herunter, der darf gar nicht so weit kommen, daß er abdrückt. Der Kerl würde losknallen, bestimmt, dafür ist er bekannt. Nein, so weit darf es nicht kommen. Pföderl legt an, der Jennerwein ist kaum zwanzig Meter weg, eine herrliche Zielscheibe. Aus dem Gewehr blitzt Feuer, und in den Rücken getroffen, sinkt der Jennerwein mit einem grimmigen Fluch auf den Boden. Der hat für alle Zeit genug!

Schnell verläßt der Pföderl seinen Platz, ohne sich noch um den anderen zu kümmern. Was soll er auch noch lang mit so einem herumtun? Und außer dem Förster braucht's ja niemand zu erfahren, daß er, Pföderl, den Wilderer erschossen hat. Den sollen nur andere finden auf der Stillwiese. Mayer ist hochzufrieden mit der Meldung seines

Jagdgehilfen, jetzt haben sie endlich einen der schlimmsten Lumpen vom Hals im Forstamt Schliersee, Gott sei Dank. Aber nachschauen muß er schon noch einmal, der Pföderl, ob der Jennerwein wirklich tot ist, so will's der Forstmeister. Der Gauner könnte sich vielleicht noch schwerverwundet wo hinschleppen und das Ganze aufbringen, nein, das darf nicht sein, das brächte die Jäger in Verruf.

Tatsächlich atmet der Jennerwein noch, Pföderl gibt ihm den Gnadenschuß. Dann feuert er zweimal von vorn auf den Toten, aber nicht mit seinem eigenen Gewehr, sondern mit der Büchse des Wilderers. Daraufhin drückt er ihm das abgefeuerte Gewehr so in die Hand, daß man glauben könnte, der Jennerwein habe sich selbst erschossen. Pföderl überlegt nicht lange. Gegen so einen gerissenen Lumpen muß man auch gerissen sein. Da bleibt einem nichts anderes übrig.

Am 13. November 1877, um elf Uhr mittags, finden Holzfäller die Leiche ihres Kameraden auf der Stillwiese. Der untere Teil des Gesichts ist verstümmelt, das Kinn von einer Kugel zerschmettert. In den letzten sieben Nächten war's auf dem Peißenberg kalt, weit unter Null. Drum ist die Leiche zu Stein und Bein gefroren, und die eine Hand hat der Tote wie eine Eisenklammer am eigenen Gewehr. Das muß Selbstmord gewesen sein, denken die Kameraden. Ein Schuß ist durchs Kinn aufwärts zur Schädeldecke gegangen. Und dann finden sie noch das Schußloch im Rükken mitsamt der Kugel. Das war also ein anderer, der Lerchenauer, im Bezirk vom Lerchenauer liegt ja der Girgl. So einer ist der Lerchenauer, so ein hinterfotziger Meuchelmörder, wer hätte das gedacht? Man hat den Alten immer für einen anständigen Menschen gehalten, und jetzt macht er sowas! Da sieht man wieder, was die Jäger für Leut' sind!

Im Gottesacker von Westenhofen findet ein paar Tage später das Begräbnis statt. Noch nie hat der Friedhof so viel Leute gesehen. Und hinter vorgehaltener Hand tuscheln sie alle: Den Jennerwein hat der alte Lerchenauer auf dem Gewissen. Aber nachweisen kann's ihm keiner, bis durch einen Zufall aufkommt, daß es der Lerchenauer gar nicht gewesen sein kann, weil er am selben Tag, an dem der Jennerwein zugrunde ging, der alten Stauchin auf dem Wallberg einen Korb Äpfel heimgetragen hat. Also war's der Pföderl!

Die Gendarmen holen ihn und er muß aussagen. Gegen ihn erhebt der Staatsanwalt Anklage wegen Mords, aber weil der Pföderl als Jäger immer so fleißig war und die Wilderer im Schlierseer Gebiet überhandnehmen und der Tote als ein ganz Rabiater bekannt war, wird der Mörder nur wegen Mißbrauchs seiner Befugnisse als Forstbeamter zu acht Monaten Gefängnis verurteilt. Die acht Monate sitzt er ab, ohne zu murren, dann wird er in das Forstrevier von Valepp versetzt. Er ist fortan ein Geächteter. Niemand redet ihn mehr an; wenn er des Weges kommt, weicht ihm jeder aus. Später fängt er zu saufen an. Am 12. Juli 1889 stirbt er im Tegernseer Krankenhaus, von allen verlassen. Das Volk singt noch heute das Lied, in dem es von Pföderls Opfer heißt:

Dort ruht er sanft im Grabe wie ein jeder
Und wartet stille auf den Jüngsten Tag.
Dann zeigt uns Jennerwein den Jager,
Der ihn von hint erschossen hat.

Nach Jennerwein hätte wohl kein Hahn gekräht, wäre er nicht so feige gemeuchelt worden. Dadurch ist sein Andenken noch heute von einer Gloriole umwoben, die ihm weiß Gott nicht zusteht. Ich habe in den fünfziger Jahren einen

Wilderer kennengelernt, der Jennerwein an Schießfertigkeit und Keckheit nicht nachstand, der aber ebenso unbedenklich wie er das Wild zusammengeschossen hat, um sich die ehrliche Arbeit zu ersparen. Es war der Wegerer Sepp von Ort bei Kochel; im Ersten Weltkrieg desertierte er und wilderte im Allgäu während der ganzen Kriegsjahre. Er rühmte sich mir gegenüber, er hätte mit dem erlegten Wild ein Dutzend Fuhrwerke volladen können. Unterschlupf boten ihm die Bauern, Wirte und Sennen, die er mit Fleisch versorgte. Einmal wäre er beinahe auf einer Alm gefangen worden; da deckte ihn der Senn mit soviel Mist zu, daß ihn die Jäger darunter nicht vermuteten und auch nicht suchten. Ein reicher Mann ist der Wegerer Sepp durch das Wildern nicht geworden. Im Alter verdiente er sich seinen Lebensunterhalt mit dem Flechten von Weidenkörben. Er starb mitten im Moor, wo ihn der Tod beim Abschneiden von Weidengerten überraschte. Das Messer in der Hand, lag er auf dem Boden.

Viele Burschen im Gebirg wilderten früher um der Jagdtrophäe willen, abgesehen davon, daß auch sie für das Fleisch einen lohnenden Absatz fanden. Nicht immer endeten ihre Jagdausflüge so lustig, wie sie begannen. So mancher hat um des Gamsbarts willen, den er sich direkt vom Gamsrücken holte, sein junges Leben gelassen, wenngleich viele Jäger so gescheit waren, daß sie beim Schießen bewußt auf Körperteile anhielten, die nicht zu den edelsten und empfindlichsten des Menschen gehören. Ein alter Jäger erzählte mir lachend, er habe einem Burschen Schrot in die Waden gejagt, und der ließ dann im Schrecken die Joppe mit dem Ausweis des Vaters, eines kgl. bayerischen Landtagsabgeordneten, fallen. Mit dem Ausweis in der Joppe fühlte sich der Wilderer immun.

Ich erinnere mich an einen wohlhabenden Bauern im

Dachauer Hinterland, der zusammen mit mir im Zweiten Weltkrieg Soldat war. Er sagte mir ganz freimütig, er habe stets leidenschaftlich gewildert und zwar am liebsten am Sonntag, wenn die anderen in der Kirche waren. Wer hätte in dem reichen Bauern einen »Lumpen« vermutet? Gern kehrten die Jäger auf seinem stattlichen Hof ein und ließen sich von ihm mit Most und Geselchtem bewirten, ohne zu ahnen, wer ihnen die schönsten Rehböcke wegschoß.

Nicht immer gehen Wilderergeschichten so harmlos hinaus. Es ist noch nicht lange her, da spielte sich in den bayerischen Bergen ein blutiges Drama ab. Ein Skilehrer jagte auf Gemsen. Das Recht zum Jagen hatte er nicht, sondern ein norddeutscher Millionär, dessen Jäger dem einheimischen Wilderer nachging und ihn auf dem Berg stellte. Es kam zu einem regelrechten Zweikampf. Dabei hatte der Skilehrer Pech. Er bekam Ladehemmung und der Jäger konnte ungehindert den tödlichen Schuß auf ihn abgeben.

Ähnlich wie Pföderl kümmerte sich der Todesschütze nicht um den Schwerverwundeten, sondern ließ ihn erbarmungslos verbluten. Der Pfarrer tadelte bei der Beerdigung das Verhalten des Jägers scharf, und die Inschrift des Grabkreuzes sprach unverhohlen von Mord durch feige Jägershand. Nachher kam es zum Prozeß und die Grabinschrift mußte entfernt werden.

Die Liberalisierung der Jagd befreit heute viele von dem unseligen Drang, als »Lumpen« dem Jäger ins Gehege zu kommen.

König Ludwig II.

Fürst einer Märchenwelt

Pfingstsonntag 1886. Schwere Regenwolken ballen sich am Himmel. An das Ostufer des vom Wind bewegten Starnberger Sees spritzen die Wellen, kein Boot läßt sich auf der unruhigen grauen Fläche blicken. Da treten aus dem Portal des Schlosses Berg zwei Männer. Beide tragen zusammengerollte Regenschirme; es ist eine Regenpause eingetreten. Der auf der rechten Seite Gehende scheint riesig in seinem schweren schwarzen Mantel und mit dem breitkrempigen Hut, den eine Brillantagraffe schmückt. Der zur Linken gleicht mit seinem Zylinderhut und dem soignierten Äußeren einem würdigen Professor. Einem dritten Mann, der sie begleiten möchte, gibt der »Professor« einen kurzen Wink, er möge zurückbleiben. Dann schreiten beide eine Art Laubengang am Seeufer entlang bis zum Ende des Parkes, den hier ein in den See hineinreichendes Gitter abschließt. Sie nehmen im angeregten Gespräch auf einer Bank Platz. Nicht lange sitzen sie so, ein paar Minuten, dann machen sie sich auf den Rückweg. Kurze Zeit gehen sie nebeneinander.

Plötzlich springt der eine von ihnen zum Ufer hin und watet durch Schilf und Weidengebüsch in den See hinaus. Hilfesuchend läuft der »Professor« am Ufer hin und her; als aber seine Rufe ungehört verhallen, springt er seinem Begleiter nach. Noch geht ihnen das Wasser nur bis zu den Knien. Der »Professor«, er ist der ältere der beiden, packt den jüngeren am Mantelärmel. Zwischen beiden kommt es zu einem Handgemenge, bei dem der jüngere dem älteren den Mittelfingernagel abbricht. Es gelingt ihm dann, vollends aus Mantel und Rock zu schlüpfen, und nicht mehr aufgehalten von dem anderen, läuft er noch tiefer ins Wasser hinein.

Der vorerst Zurückbleibende folgt ihm mit raschen Schritten. Von neuem umklammern sich beide, bis der Riese dem Kleineren mit der rechten Hand den Hals zudrückt und die linke Faust auf seine Stirn niedersausen läßt. Und nicht genug damit, er drückt den Schwächeren noch unters Wasser, bis er unter seinen Fäusten leblos zusammensackt. Dann stürmt der Hüne in den See hinaus, um schließlich zusammenzubrechen und unter dem Wasserspiegel zu verschwinden. Der See hat seine Opfer verschlungen. König Ludwig II. von Bayern und den Irrenarzt Professor Dr. Gudden. Ihr Zweikampf spielte sich ohne Zeugen ab; nur seine Spuren an dem unglücklichen Arzt, der zweifellos ein Opfer seines Berufes wurde, ließen erkennen, mit welcher Entschlossenheit sich der König seines Bewachers entledigte.

Heute, nach neun Jahrzehnten, ist der Schleier über dem Drama im Starnberger See immer noch nicht gelüftet. Das hängt nicht zuletzt damit zusammen, daß die Wittelsbacher alles, was die Vorgänge um den unter Kuratel gestellten König betraf, der Öffentlichkeit vorenthielten und die in Frage kommenden Dokumente vernichteten. Möglicherweise hätten Männer, die dem König in den letzten Tagen nahestanden, wie zum Beispiel der Flügeladjutant Graf Dürckheim und der Leibkutscher Osterholzer, noch wichtige aufklärende Einzelheiten mitteilen können. Sie verzichteten darauf, vielleicht aus Treue gegen ihren toten Gebieter oder aus Rücksicht gegen seinen Nachfolger Prinzregent Luitpold.

So wird nie festzustellen sein, ob der König vorhatte, als guter Schwimmer den Starnberger See in Richtung Possenhofen zu überqueren, wo sich gerade seine Herzensfreundin und Base, die Kaiserin Elisabeth von Österreich, aufhielt, oder ob er hinter dem Parkgitter des Schlosses eine von ihr geschickte Kutsche erwartete, die ihn geradewegs zur österreichischen Grenze bringen sollte. Auch ein Selbstmord Ludwigs liegt im Bereich der Möglichkeiten; zu sehr hatte die Entmündigung sein königliches Ehrgefühl verletzt. Und selbst ein Herzschlag ist nicht auszuschließen nach der ungeheuren physischen und psychischen Belastung des Königs in den wenigen Minuten vor seinem Tod. Doch was auch dazu führte, eines steht fest: Erhebliche Schuld an der Katastrophe trug das Ministerium Lutz, das die Entmündigung des Monarchen gefordert und betrieben hatte.

Ministerpräsident Lutz, Sohn eines Volksschullehrers und aufgewachsen in einem Bauerndorf, war vom König durch Welten getrennt. Schon rein äußerlich unterschieden sich der kahlköpfige Buchhalterzwerg und die majestätische

Fürstengestalt so stark voneinander, daß sie bei gemeinsamem Auftreten wie David und Goliath wirkten. Als scheu und einsam galt der eine, bei keinem Staatsakt und keiner öffentlichen Szenerie fehlte der andere. Und schwebte der königliche Autokrat über den Wolken, so konnte der strebsame Bürokrat, der in Heller und Pfennig denken gelernt hatte, nie verstehen, daß jemand Millionen Gulden zum Fenster seiner Luftschlösser hinauswarf. So ein Mann mußte seiner Ansicht nach verrückt sein, auch wenn er wirkliche Schlösser mit dem Geld baute. Dabei waren es gar nicht die Millionen des Ministeriums, sondern die der Kabinettskasse, über die der Monarch nach freiem Ermessen verfügen konnte. 13 Millionen Gulden betrugen die Schulden des Erbauers von Herrenchiemsee, Neuschwanstein und Linderhof. Es bestand kein Anlaß, der Schulden wegen in Panik zu geraten, wie das bei der empfindsamen Natur von König Ludwig der Fall war. Er dachte an die abenteuerlichsten Möglichkeiten der Geldbeschaffung. Das gab den letzten Anstoß zum berüchtigten Gutachten der vier Psychiater Gudden, Hubrich, Grashey und Hagen, das ihn Freiheit, Krone und schließlich das Leben kosten sollte.

Das Gutachten wies jeden Gedanken einer Genesung zurück und erklärte den Souverän zeit seines Lebens für geistig krank, ohne daß ihn einer der vier Ärzte untersucht hätte. Im besonderen stützte es sich auf die Aussagen von Lakaien, die den König seit Jahren bespitzelten und alles auf Zettel notierten, was sie sahen und hörten, ohne auf die näheren Umstände einzugehen. So weit reichte der intrigante Hausverstand von Domestiken nicht, daß sie einen Geist begreifen konnten, der auf dem schmalen Grat zwischen Traum und Wirklichkeit wandelte. Aber auch den gelehrten Beckmessern der Schulpsychiatrie glückte dies nicht.

Wenn sie zum Beispiel dem König als Irrsinn anrechneten, daß er eine Luftmaschine konstruieren lassen wollte, um den Alpsee zu überfliegen, oder daß er die Siege von Sedan und Metz verwünschte, Mitleid hatte mit der geschlagenen französischen Nation und die Kaiserproklamation in Versailles als Unglück für das neugegründete deutsche Reich ansah, so hat die Geschichte zweifellos nicht ihnen, sondern dem von ihnen für geisteskrank Erklärten recht gegeben.

Man muß sich heute noch wundern, mit welcher Brutalität die Entmündiger des Königs vorgingen. Diese befrackten, Dreispitz und Zylinder tragenden und in Galauniform steckenden Honoratioren hielten es für angemessen, vor der Übergabe der Absetzungsurkunde ein üppiges Souper einzunehmen, bei dem Champagner und Bier in Strömen flossen. Einer von ihnen, der zum Vormund des Königs bestellte Graf Holnstein, hatte sogar sein Angelgerät mitgebracht, um im nahen Alpsee zu fischen. Aber zunächst scheiterte die Kommission an ihrer Überheblichkeit und Unfähigkeit. Die Getreuen des Königs verhafteten sie kurzerhand. Erst als der Bezirksamtmann von Füssen vermittelnd eingriff, kamen die Entmündiger wieder frei und konnten nun den ihnen erteilten Auftrag ausführen, das heißt, den König wie einen gemeingefährlichen Narren nach Schloß Berg schleppen. In Seeshaupt reichte die Posthalterin Anna Vogel dem Staatsgefangenen ein Glas Wasser, nach dem er verlangte. Zum letzten Mal spürte er die Treue des ihn liebenden Volkes.

In den nächsten Tagen, den letzten seines Lebens, hatte er es nur noch mit Irrenärzten, Irrenwächtern und jenen obskuren Lakaien zu tun, die sich mit dem Verrat an ihm ihr Verbleiben am Hof gesichert hatten. Daß er fliehen wollte, entsprang elementarer Notwehr. Der Tod erlöste ihn von dem würdelosen Vegetieren zwischen vergitterten Fenstern, abgeschraubten Klinken und in die Tür eingeschnittenen Gucklöchern. Mit Ludwig II. starb in Bayern die Monarchie. Nie sollte das Volk seinen Nachfolgern verzeihen, daß ihr Weg zur Macht und Herrschaft über eine Wasserleiche führte. »Er hat si tränka müassn, daß de andern hikeman!« hieß es fortan in den Gauen zwischen Iller und Salzach. »Er« war der König, der einzige Wittelsbacher-König, der im Gedächtnis und Herzen des Volkes weiterlebte.

Ludwig tat nichts absichtlich, um sich beim Volk beliebt zu machen. Den Menschen in der Stadt, die seinen Großvater Ludwig I. zur Abdankung und ihn selbst zur Trennung von Richard Wagner gezwungen hatten, wich er aus, wo er konnte. Aber wenn er in der Einsamkeit der Natur Holzfällern und Jägern oder Bauern begegnete, wenn er zufällig dazukam, wie eine Hochzeit gefeiert wurde, wenn man ein getauftes Kind aus der Kirche trug und ein Wanderzirkus am Dorfrand sein Zelt aufschlug, verließ der Monarch gern seine Prachtkutsche und trat auf die Leute zu, um sich nach ihren Anliegen zu erkundigen. Hier witterte er nicht die ihm so verhaßte Servilität der Höflinge und die Revoluzzerei von randalierenden Studenten und Münchner Vorstadttypen; die freie, offene und doch respektvolle Art des einfachen Bauernvolkes tat ihm wohl. Er, den das psychiatrische Gutachten als einen Menschenhasser und an Verfolgungswahn leidenden Irren disqualifizierte, kannte viele Bauern, Holzknechte, Jäger und Förster dem Namen nach.

Noch manche Jahrzehnte nach der Begegnung mit ihm schwärmten die Menschen von seinem bestrickenden Charme. Ich selbst habe in Steingaden mit einer Greisin gesprochen, die dem König im väterlichen Gasthaus die Speisen auftrug. Mit Tränen in den Augen sprach sie von ihrem großen Erlebnis. Ihr verehrte der König nachträglich ein kostbares Tafelservice zur bevorstehenden Hochzeit, so sehr hatte ihn ihre Beflissenheit erfreut. Daß profitgierige Revolverjournalisten und pharisäerhafte Moralisten sich über die Männerfreundschaften des Königs ereiferten, tat der Zuneigung und Verehrung des Volkes ihm gegenüber keinen Abbruch. Die Liberalitas bäuerlicher Menschen in Bayern ist großzügig; »leben und leben lassen« ist für sie nicht nur eine Phrase. Bauernleuten macht es nichts aus, daß derjenige, zu dem sie aufblicken, auf Distanz hält, sie dürfen nur nicht das Gefühl haben, daß er sie geringschätzt. Wenn sie das merken, werden sie störrisch und sogar widerspenstig. Das erlebten sie nicht bei dem Mann, der mit ihnen so schlicht sprach, als wäre er einer ihresgleichen, und der dann doch wieder in einer goldenen Wolke entschwand. An der Pracht seines Auftretens nahmen sie keinen Anstoß. Glanz und Glorie gehörten, wie sie meinten, zu einem wirklichen König.

Wenn heute alle großen Opernhäuser der Welt die Musikdramen Richard Wagners aufführen, ist das nicht zuletzt ein Verdienst Ludwigs. Seine Freundschaft mit dem Komponisten bahnte diesem den Weg zum Weltruhm. Ohne Hilfe des königlichen Mäzens wäre der geniale Künstler in materiellen Sorgen erstickt. Nur weil der König seine schützende Hand über Richard Wagner hielt, ist die neuere Musikgeschichte um ein großartiges Kapitel reicher geworden. Und nur, weil der später von einem unterfränkischen Schulmeisterssohn Entthronte jene Schulden machte, die als Fanal seines Wahnsinns galten, entstanden die bayerischen Königsschlösser, zu denen seit mehreren Jahrzehnten Menschen aller Nationen pilgern. Gewiß, diese Schlösser sind nicht jedermanns Geschmack. Viele Fachleute empfinden

sie als wenig originell und den Ausbund einer zügellosen Phantasie. Millionen Besucher aber bewundern sie und haben mit ihrem Eintrittsgeld die einstigen Schulden des Bauherrn längst getilgt.
Und was Ludwig dem »normalen« Empfinden des deutschen Bürgerpatrioten so verdächtig machte, seine Friedensliebe in den Kriegsjahren 1870/71, wird in unserem Jahrhundert nicht mehr verdammt. Vielleicht war es das Unglück des Königs, in einer Zeit gelebt zu haben, in die er nicht hineinpaßte. Vielleicht hat er zu spät, vielleicht hat er zu früh gelebt. Und vielleicht ist er durch die Tragödie seines jähen Todes einem Schicksal entronnen, wie es sein dahinsiechender Bruder Otto erlitt. Ob so oder so, Ludwigs Reich war nicht von dieser Welt, es existierte nur im Märchen.

Bruder Konrad von Parzham

Der Heilige

Es war an einem lauen Frühlingsabend des Jahres 1880. Vor dem Kapuzinerkloster St. Anna in Altötting stand die fünfzehnjährige Wallnermagd von der Osterwiese. Am Strick hielt sie ein stattliches Kalb, das sie dem Pfortenbruder Konrad übergeben sollte. Dieser schlurfte heraus und betrachtete das Tier mit fachmännischem Blick. Konrad stammte selbst aus einem Bauernhof, dem sogenannten Venushof im Rottaler Weiler Parzham. So konnte er wohl beurteilen, was der Wallnerbauer, einer frommen Überlieferung seines Hofes folgend, den Kapuzinern zum Geschenk machte. Konrad lobte das Mädchen:

»A so a Kaiwi laß i mir gfalln. Jetz hast dir a guate Brotzeit vadeant und morgn, am Sonntag, kimmst ins Klosterstübl zum Mittagessen. Du sollst di net beschwern könna über de Kapuziner in Altötting.«

Die Magd konnte sich wirklich nicht beschweren. Zur Brotzeit bewirtete er sie mit Bier und Leberkäs, am nächsten Mittag aber stellte er ihr einen Schweinsbraten mit Semmelknödeln und Klosterbier auf den Tisch. Der Tag war heiß und der Braten knusprig, da schlürfte die Durstige den kühlen Gerstensaft voller Genuß. Aus einer Maß wurden zwei, aus zwei drei. Zu einer Zeit, da in Bayern das Bier noch als »flüssiges Brot« galt, waren drei Liter dieses Getränks auch für Jugendliche kein Quantum, das sie berauscht hätte. Im Sommer, vor allem in der Erntezeit, tranken Knechte und Mägde jeden Tag drei bis vier Liter und blieben dabei, wie berichtet wird, immer noch nüchtern. Bruder Konrad wußte es nicht anders und gab der Wallnermagd eine vierte Maß für die Bäuerin auf den Weg mit, aber das Mädchen dürstete immer noch und machte einige Male halt, um einen Zug aus der Flasche zu machen.

Später ist aus der Wallnermagd eine tüchtige Ordensfrau geworden. Als Vorsteherin der Mallersdorfer Schwestern in Metten hat Schwester Rigalda, das war ihr Klostername, den Mitschwestern großen Respekt eingeflößt und das Bier weniger geliebt als in der Jugendzeit. Stets und insbesondere im Heiligsprechungsprozeß Bruder Konrads schwor sie darauf, daß sie auch als Wallnermagd nicht über den Durst getrunken hatte und nach der dritten Maß noch kerzengerade durch Altötting gegangen war. Daraufhin ließ der advocatus diaboli (das heißt der »Anwalt des Teufels«, der Einwände gegen die Heiligsprechung vorbringt) der päpstlichen Ritenkongregation, beeindruckt von der Aussage dieser bayerischen Klosterschwester, seinen letzten

Einwand gegen den bierausschenkenden Pfortenbruder fallen. Papst Pius XI. konnte am 20. Mai 1934 Bruder Konrad von Parzham in den Kanon, das Heiligenverzeichnis der römisch-katholischen Kirche, aufnehmen.

Bruder Konrad selbst war beileibe kein Trinker. In seiner ersten Klosterzeit trank er überhaupt kein Bier, was allerdings den Unmut der Oberen hervorrief. Man befahl ihm, fortan in klösterlichem Gehorsam täglich wenigstens einen Viertelliter Bier zu trinken. Daran hielt sich Bruder Konrad lange Zeit, bis ein Ereignis eintrat, das ihn vorübergehend von dieser Gehorsamspflicht entband. Papst Puis IX. hatte acht Jahre lang mit dem Königreich Piemont-Sardinien und mit Frankreich einen erbitterten Kampf um den Fortbestand des Kirchenstaates geführt. Der Krieg kostete den Papst enorme Summen, so daß er die Unterstützung der ganzen katholischen Welt in Anspruch nehmen mußte. Auch die Kapuziner von Altötting wollten ihr Scherflein beitragen. Da sie der Regel gemäß selbst von Almosen lebten, legte der Guardian, P. Michael Haselbeck, seinen Mitbrüdern ans Herz, sie sollten dem Heiligen Vater zuliebe weniger Bier trinken. Das in einem Jahr dadurch ersparte Geld wollte er nach Rom schicken. Das Ergebnis dieses Aurufes war nicht gerade überwältigend. Die meisten Patres und Brüder brachten es im ganzen Jahr auf den Verzicht von sechs bis zehn Litern Bier, der Guardian selbst trank 20 Liter weniger, der Provinzial 30 Liter, Bruder Konrad hingegen 60 Liter, das heißt, daß er nur jeden dritten Tag Bier trank und da lediglich einen Viertelliter.

Es war Johann Baptist Birndorfer, so hieß Bruder Konrad vor seinem Klostereintritt, nicht an der Wiege gesungen worden, daß er später ein ebenso bedürfnisloses wie asketisches Leben führen sollte. Auf dem Venushof, wo er zur Welt kam, standen zwölf Kühe, siebzehn Pferde, dreißig

Schafe und zwölf Schweine und neben dem Bauern und der Bäuerin arbeiteten noch sechs Eh'halten, das heißt drei Knechte und drei Mägde. Von den sieben Geschwistern sollte der Jüngste, Johann Baptist, nach dem geltenden Erbrecht später den einhundertfünfundzwanzig Tagwerk großen Hof übernehmen. Es kam anders. Nach dem frühen Tod von Vater und Mutter führte er ein immer zurückgezogeneres Leben und hatte zuerst vor, in Metten das Gymnasium zu besuchen und sich so auf den priesterlichen Beruf vorzubereiten. Dieser Wunsch ging nicht in Erfüllung, da ihn die Mettener Patres für ungeeignet zum Studium hielten. Als dann seine ledigen Schwestern Maria und Gertrud Kinder gebaren, war das ein schwerer Schlag für ihren frommen Bruder. Er tröstete sich nicht damit, daß zu jener Zeit im Rottal mehr als ein Drittel aller Kinder nur mit dem Mutternamen zur Welt kamen. Eines Tages, am 7. September 1849, stand er vor dem kgl. bayerischen Notar Andreas Loichinger in Griesbach und erklärte: »I geh ins Kloster zu de Kapuziner in Altötting. Drum kimm i zu Eahna, Herr Notar. I verzicht auf den Elternhof und verschenk d'Hälfte von dem Geld, was mir de Gschwister auszahln, an de Armen und mit dem andern Geld soll der Friedhof in Weng vergrößert werdn.«
Der Notar staunte: »Sie sollten doch den Hof als Bauer übernehmen. Und jetzt verschenken Sie alles notarisch. Wissen Sie auch, was das bedeutet? Sie werden in einem einzigen Augenblick zum Bettler. Passen Sie auf, daß Sie Ihr Entschluß später nicht reut!«
Der junge Bauer antwortete schlicht: »Was i vorhab, tuat mir gwiß net load, gar nia!«
Der Notar schien recht zu behalten. Als Bruder Konrad nach seinem Noviziat die Profeß ablegte, war er im Kloster St. Anna acht Tage lang ohne eigene Zelle. Der reiche Rot-

taler Bauernsohn wußte acht Tage lang nicht, wo er sein Haupt zum Schlafen hinlegen sollte. So machten ihm seine Mitbrüder begreiflich, daß er sich auf seine Herkunft nichts einzubilden hatte.

Seine Vorgesetzten trugen ihr Teil dazu bei, daß er in seiner einundvierzigjährigen Pförtnerzeit die heroischen Tugenden des Gehorsams und der Demut, die später zu seiner Heiligsprechung führten, Tag für Tag, Stunde für Stunde übte. Sein erster Guardian im Kloster St. Anna war P. Lukas Fischbacher, ein früherer Bauernknecht. Den sonst so gerechten und klugen Oberen beherrschte ein verständliches Vorurteil gegen den ehemaligen Rottaler Großbauern und er ließ keine Gelegenheit vorübergehen, ohne ihm zu beweisen, daß die sozialen Unterschiede der Welt hinter den Klostermauern aufhören. Ein späterer Vorgesetzter, P. Korbinian Steininger aus Ruhpolding, Bezwinger des Monte Rosa, kühlte gern sein Mütchen an dem »Flachlandtiroler« aus Niederbayern, und der jähzornige P. Placidus Mühlbauer kränkte und demütigte den stillen, sanften Bruder öfter, als es gut war.

Eine schlimme Suppe vollends brockte ihm P. Chrysologus Behr ein, als er ihm verbot, Bier an die elfhundert Pilger auszuschenken, die alljährlich von München nach Altötting wallfahrteten und nach alter Sitte in den Klostergängen außerhalb der Klausur bewirtet wurden. Bruder Konrad hielt sich gegen seine eigene bessere Meinung gehorsam an das Wort des Oberen, und so kam es zum Tumult vor der Klosterpforte. Angeführt von ihrem Kreuzträger, einem baumlangen Schäfflermeister aus der Au, drohten die erbosten Pilger, im Kloster alles kurz und klein zu schlagen, vor allem aber, das ihnen nach altem Brauch zustehende Bier sich mit Gewalt zu holen. Schon waren sie, Männer und Frauen, im Begriff, in die Klausur einzudringen, da stellte sich ihnen der schmächtige Pfortenbruder mit ausgebreiteten Armen entgegen. Er hätte sich erschlagen lassen, wenn er die Pilger nur daran hindern konnte, ihren Fuß über die Schwelle der Klausur zu setzen. Das wirkte. Ernüchtert durch den opferbereiten Mut Bruder Konrads wichen die aufgebrachten Münchner zurück.

Der Altöttinger Pfortenbruder hatte in der zweiten Hälfte des 19. Jahrhunderts eine soziale Funktion ersten Ranges. Da es damals noch keine Arbeitslosenunterstützung und keine Sozialfürsorge gab, suchten unzählige Arme Zuflucht an der Klosterpforte. Bruder Konrad ließ keinen von ihnen gehen, ohne ihm zu helfen oder ein Almosen zu geben, und zwar ohne Rücksicht auf Weltanschauung und Herkunft. Nach den Aufzeichnungen des Klosterökonomen verschenkte er wöchentlich siebzig bis achtzig Laib Brot an der Pforte, den Laib zu acht Pfund gerechnet, und jährlich achtunddreißigtausend Liter gutes Bier, hauptsächlich für die Schwachen und Kranken. Feste Kosttage hatten an der Pforte zwanzig Personen. Außerdem kamen als »Laufkunden« täglich weit über einhundert Handwerksburschen. Sie alle bediente und bewirtete Bruder Konrad mit einer schier übermenschlichen Geduld, und das einundvierzig Jahre lang.

Bekannt ist die Geschichte von den drei Vaganten, die einmal beabsichtigten, den Bruder zu erschlagen und die Pfortenkasse mit dem dort einbezahlten Meßgeld auszurauben. Als könnte er ihre Gedanken lesen, sagte er ihnen aufs Gesicht zu, daß der Beichtstuhl für sie der richtige Ort war. So ließen sie von ihrem Vorhaben.

Man könnte meinen, daß eine so selbstlose Persönlichkeit wie Konrad unbestrittenes Ansehen genoß. Dem war aber nicht so. Der kgl. bayerische Amtstierarzt Alois Brenner von Vilshofen erstattete gegen ihn Anzeige wegen Betrugs.

Das betraf die Ausgabe von sogenanntem »Rauch« an der Pforte, geweihten Kräutern, welche die Bauern ins Futter mischten, um Krankheit und Seuche vom Vieh abzuhalten. Da jedoch damit nicht die Absicht verbunden war, die Tierärzte überflüssig zu machen, sondern nur den Segen für die Tierhalter zu erbitten, wies Landrichter Drausnik von Altötting die Anzeige zurück und rehabilitierte so den Pförtner.

Bis drei Tage vor seinem Tod machte der Sechsundsiebzigjährige Dienst an der Pforte. Dann legte er sich zum Sterben nieder. Er schloß am 23. April 1894 die Augen für immer. Drei Tage vorher hatte Adolf, Sohn des Braunauer Zollbeamten Alois Hitler, seinen fünften Geburtstag gefeiert. Altötting und Braunau sind voneinander kaum dreißig Kilometer entfernt, doch ihre berühmtesten Söhne trennen zwei Welten. Als die Kirche Bruder Konrad heiligsprach, tat sie es nicht zuletzt, um damit zu bekunden, daß Macht über die menschlichen Herzen nicht der Hochmütige, sondern der Demütige gewinnt.

Pfarrer Sebastian Kneipp

Das Wundermandl von Wörishofen

Zwei Priester wurden von dem Zeremonienmeister des Vatikans in die päpstlichen Privatgemächer geführt. Der eine von ihnen, ein alter stämmiger Mann mit Silberhaar, trug die Kleidung eines päpstlichen Geheimkämmerers, der andere, jung und schlank, die einfache schwarze Soutane. Vor dem in einem weißen Seidentalar gehüllten Papst, einem würdigen Greis, knieten sie nieder, um seinen Ring zu küssen. Leo XIII., so hieß das eben regierende Oberhaupt der römisch-katholischen Kirche, zog den Älteren freundlich zu sich empor und forderte dann beide auf, sie sollten neben ihm Platz nehmen. In dem sich nun entspinnenden Gespräch spielte der Junge den Dolmetscher. Er hatte zuerst den Dank seines Begleiters für die Verleihung der Monsignore-Würde auszusprechen. Leo XIII. winkte ab:

»Aber, mein Bester! Pfarrer Kneipp aus Wörishofen hat sich diesen Titel wohl verdient. Wenn einer so vielen Menschen hilft wie er, verdient er Unseren Dank.«

Leo XIII. feierte in diesen Tagen des Jahres 1894 den 84. Geburtstag. Mit seinem Pontifikat waren bahnbrechende Neuerungen verknüpft. Er hatte die kirchliche Soziallehre reformiert und den Kulturkampf in Preußen beendet, so daß sich in Deutschland das Verhältnis zwischen Kirche und Staat gewaltig besserte. In der ganzen Welt genoß Leo hohes Ansehen, auch bei Angehörigen anderer Religionsgemeinschaften. Sein Gespräch mit dem schwäbischen Landpfarrer dauerte dreiviertel Stunden. Schon trat der Zeremonienmeister von einem Fuß auf den anderen, eine Privataudienz von so langer Dauer hatte er noch nicht erlebt. Was nur der Papst an diesem breiten behäbigen Bauernpfarrer finden mochte?! Nun, er fand an ihm das, was er in seiner Umgebung vermißte: einen natürlichen, gutherzigen Menschen, der sich als Wörishofer Wasserdoktor Weltruhm verschafft hatte. Und ihn, den kleinen Pfarrer aus dem Schwabenland, fragte der mächtigste Mann der Kirche, was er von seiner, des Papstes Gesundheit, hielte. Ob nicht seine Tage schon gezählt seien? Da zwinkerte Sebastian Kneipp mit den Augen: »Des glaub i it, Eure Heiligkeit. 's Ohrlapperl links und rechts ischt no ganz rot, a guats Zeicha. 's Bluat fließt bei Eurer Heiligkeit no recht munter. Wenn Eure Heiligkeit dann no tuat, was i sag, könnat Eure Heiligkeit no ganz schön sechs, siebn, acht und neun Jahr aushalten. Vielleicht sogar länger!«

Pfarrer Kneipps Prophezeiung ging in Erfüllung. Genau neun Jahre lebte Papst Leo XIII. noch. Ob der Zeremonienmeister wollte oder nicht, er konnte keineswegs verhindern, daß Leo den Schwaben für den nächsten Tag neuerdings zu sich beschied, um in dessen Behandlungsweise praktisch eingeweiht zu werden. Aber darüber hätten sich auch noch andere Leute geärgert als der päpstliche Hofstaat, einige selbstgefällige Vertreter der Schulmedizin zum Beispiel wie Dr. Schmidt aus Türkheim. Er machte eine Eingabe an den Mindelheimer Bezirksamtmann und nannte darin Kneipp »einen großartigen Pfuscher, der mit der größten Unverschämtheit hier im Bezirk sein Unwesen treibt«. Der zur Sache gehörte Bezirksarzt Dr. Sauter sprach sogar »von dem großartigsten Pfuscher des Bezirksamts Mindelheim«, so daß der Regierungspräsident von Schwaben die Verteufelung Kneipps an das Bischöfliche Ordinariat von Augsburg weiterleitete. Der Angegriffene konnte sich leicht rechtfertigen, hatte er doch nie sein Naturheilverfahren in einen Gegensatz zur Tätigkeit der Ärzte gestellt.

Er sagte immer wieder, daß er es gar nicht erfunden habe, sondern daß er bei einem Meister in die Lehre gegangen sei, der schon über hundert Jahre tot war, bei Johann Siegmund Hahn, Medicinae Doctor und Practicus in Schweidnitz, Verfasser des Buches »Unterricht von Krafft und Würckung des Frischen Wassers In die Leiber der Menschen, besonders der Krancken, Bey dessen Innerlichen und äußerlichen Gebrauch Aus Vernunftgründen erläutert und durch die Erfahrung bestättiget. Breßlau und Leibzig, Verlegts Daniel Pietsch, Buchhändler, 1743«.

Auf das Büchlein stieß er in der Münchner Hofbibliothek, die er bei seinem Theologiestudium öfters besuchte. Die Lektüre von Hahns Traktat über die Heilwirkung des Wassers wurde seine Lebensrettung, da er sich zu dieser Zeit in einem äußerst bedrohlichen Gesundheitszustand befand. Den von Bluthusten und starkem, andauerndem Nasenbluten befallenen Studenten brachte die Lungenschwindsucht an den Rand des Grabes. Die Ärzte versuchten ihn zu heilen, vergeblich. In Dillingen, wo er sein Theologiestudium fortsetzte, entschloß er sich zu einer Roßkur. Nächtlicherweile lief er zur Donau und stürzte sich ins Wasser zu einem mehr als erfrischenden Bad. Es war im Dezember und das Wasser vor dem Einfrieren. Nachdem Kneipp zehn bis fünfzehn Sekunden untergetaucht blieb, zog er sich schnell wieder an und machte sich auf den Rückweg. Diese Kur wiederholte er zwei- bis dreimal in der Woche. So wurde er gesund. Sebastian war damals 28 Jahre alt, vom Standpunkt der Berufsausbildung gesehen, ein sogenannter Spätberufener; denn er hatte erst mit über zwanzig Jahren zu studieren angefangen und sich dabei durch Hungern und übermäßige Anstrengungen die Lungenschwindsucht geholt.

Er stammte aus dem bitterarmen Weberhaus in Stephansried bei Ottobeuren. Schon als Zwölfjähriger webte er jeden Tag fünf Ellen Leinen, um mit seinem Vater das tägliche Brot für die siebenköpfige Familie zu verdienen. Den Lieblingswunsch, Geistlicher zu werden, mußte sich der kleine Sebastian vorerst aus dem Kopf schlagen. Früh verlor er seine Mutter durch einen Blutsturz. Er wurde einundzwanzig Jahre alt, bis ihn, der sich jetzt als Bauernknecht sein Geld groschenweise verdiente, ein Verwandter der Mutter, Kaplan Dr. Merkt von Grönenbach, in sein Haus aufnahm und ihm die Elementarkenntnisse in Latein beibrachte.

Dr. Merkt ging später nach Augsburg und Dillingen, überallhin begleitete ihn auch sein Schützling. Schließlich setzte es der Protektor durch, daß Kneipp als Vierundzwanzigjähriger zum erstenmal die Schulbank des Gymnasiums drücken durfte. Jetzt, wo sich der »betagte« Gymnasiast am Ziel wähnte, überfiel ihn die tödliche Krankheit, die er selbst durch die Heilkraft des Wassers auskurierte. Drei Jahre später stand er als Primiziant vor dem prächtigen Hochaltar der Ottobeurer Kirche. Der Webersgesell und Bauernknecht war nun wirklich am Ziel. Er hatte sich selbst geholfen, ohne auf ein Wunder zu warten. So konnte er auch anderen helfen.

Er wurde in Boos bei Memmingen, auf seiner ersten Seelsorgstelle, bald bekannt als »Cholerakaplan«. Dort erkrankte nämlich eine Dienstmagd an der damals in Schwaben grassierenden Cholera und war von den Ärzten bereits aufgegeben. Der Kaplan hatte sie nur noch aufs Sterben vorzubereiten. Da sie sich in furchtbaren Krämpfen wand, wollte er ihr wenigstens eine Linderung der Schmerzen verschaffen und wickelte sie in ein mit heißem Essigwasser getränktes Leintuch. Die Krämpfe setzten sofort aus und, nachdem Kneipp seine Behandlung einige Male wiederholt hatte, gesundete die Magd völlig. Die Kunde davon verbreitete sich schnell in der ganzen Gegend. Noch zweimal wurde der junge Priester an das Lager von Cholerakranken gerufen und beide Male heilte er sie mit heißen Essigwasserumschlägen.

Der Landrichter von Babenhausen lud ihn vor, damit er sich wegen Vergehens gegen das sogenannte Kurierverbot verantworte; denn schon lief die vereinigte Zunft der Ärzte und Apotheker Sturm gegen ihren unwillkommenen Konkurrenten. Auf die Frage des Kaplans: »Derf i it helfa, wenn de Ärzt nimmer helfa könnan oder der Patient koi Geld nimmer hat für den Doktor?« erinnerte sich der Landrichter des eigenen Rheumatismus, den er bei keinem Arzt und keinem Professor anbrachte. Der wegen Kurpfuscherei Angeklagte beriet ihn hilfsbereit, wie er sich mit Wasser Genesung verschaffen könnte. Daraufhin entließ ihn der Richter mit dem salomonischen Urteil:

»Kurieren Sie diejenigen, welche sonst keine Hilfe bekommen oder kein Geld haben, um Hilfe zu suchen. Seien Sie für die Menschen ein Helfer in der Not!«

's Wundermandl hieß im Volksmund später der als Beichtvater ans Dominikanerinnenkloster in Wörishofen berufene und schließlich als dortiger Ortspfarrer installierte Sebastian Kneipp. Hier verwirklichte er seine Wassertherapie zum Nutzen leidender Menschen. Seine Heilerfolge grenzten ans Wunderbare. Abertausende suchten und fanden die Hilfe dessen, der sagte: »Was überhaupt noch geheilt werden kann, das heilt das kalte Wasser und, was das Wasser und die Kräuter nicht heilen, das bleibt ungeheilt!« Unter den Hilfesuchenden machte Kneipp keinen Unterschied. Er behandelte den Bankier Rothschild ebenso wie den Vagabunden mit der durchgelaufenen Schuhsohle, den Habsburger Erzherzog ebenso wie die Bauerndirn. Von dem einen verlangte er mehr, von dem anderen weniger und wieder von einem anderen gar nichts, ja, dem gab er sogar noch Zehrgeld und die Fahrkarte für die Heimfahrt mit, daß er sich keine unnötigen Sorgen machte.

Unzählige Anekdoten über das Wörishofer Wundermanndl sind im Umlauf. Da kam einmal ein wohlbegüterter sowie wohlbeleibter Mann zur Wassertherapie und erzählte auf Befragen, was er alles in sich hinunterschlang während eines Tages. Kneipp schlug die Hände über dem Kopf zusammen und rief: »Jetzt weiß i, was Ihna fehlat: A zweiter Magen!« — Eine Patientin stellte sich nicht ohne Stolz als Hofdame vor, worauf Kneipp schmunzelte: »Also sind Sie a besserer Dienschtbot. Dienschtboten behandl i umsonst!« – Und zu einem wenig begüterten österreichischen Briefträger sagte er: »Was? Zahla wollat Sie a no, wo Sie si scho de Füaß wund lafat mit de Briaf? Des duld i fei it. Nehma Sie de drei Zehnguldenschein mit, bei

mir liegat sie umsonst rum und in Östreich drin könnat ma sie guat braucha.«
Hätte es damals schon Bestsellerlisten gegeben, Sebastian Kneipp würde sie angeführt haben. Als er 1897 starb, erschien sein Hauptwerk »Meine Wasserkur« in der 62. Auflage. Tantiemen erhielt er von seinem Verleger Kösel in schwindelnder Höhe. Das wenigste gab er davon für sich selbst aus, fast alles Geld steckte er in die Wörishofer Anlagen und Anstalten für die Wassertherapie. Ihm war die Gesundheit der Mitmenschen wichtiger als ein eigenes großes Bankkonto.
Vor einigen Jahrzehnten war er selbst noch einer der Ärmsten im Land gewesen. Er lebte in solcher Armut, daß er für seinen sehnsüchtigsten Wunsch, studieren zu können, in der väterlichen Webstube und auf den Bauernhöfen oft zwölf bis vierzehn Stunden im Tag schuftete. In zehn Jahren ersparte er sich auf diese Weise 70 Gulden. An seinem 21. Geburtstag vernichtete eine Feuersbrunst von vierzehn Häusern in seinem Heimatdorf Stephansried nicht weniger als dreizehn. Sein Vaterhaus war auch darunter. So verbrannten die sämtlichen in einer Geldkassette verwahrten Ersparnisse. Seine Hoffnung auf das damit zu finanzierende Studium schien mit einem Schlag zerstört. Trotzdem gab Kneipp nicht auf und verwirklichte seinen Plan auch ohne eigenes Kapital. Damals lernte er begreifen, daß Geld zwar wichtig, aber nicht das Wichtigste im menschlichen Leben ist. Und er gestand später: »Seit dem Brand hab i nimmer Geld zählt.«
Er zählte auch nicht die Menschen, die er glücklich und gesund machte. Ihre Zahl wäre Legion gewesen.

Die Haberfeldtreiber

Wächter über Recht und Sitte

In den fünfziger Jahren übernachtete ich bei einem Gebirgsbauern im bayerischen Oberland. Er hatte mich dazu in aller Freundschaft eingeladen, und da ich froh war, der Großstadt auf einige Tage entrinnen zu können, folgte ich der Einladung. Ich atmete die würzige Bergluft in vollen Zügen, aber noch mehr freute ich mich auf die bevorstehende Nacht, um nach langer Zeit wieder einmal ungestört von den großstädtischen Geräuschen einen friedlichen Schlaf zu finden. So dachte ich, aber es kam ganz anders. Um Mitternacht entstand vor dem Bauernhaus ein Höllenlärm. Eine Schar von Gestalten, deren Umrisse ich in der

Dunkelheit kaum erkennen konnte, huschte um das Anwesen und weckte uns mit einer gräßlichen Katzenmusik von aneinandergeschlagenen Hafendeckeln, Almglockengeschepper, Kettenrasseln, wild geblasenen Trompeten und irrsinnigem Getrommel. Im ersten Augenblick wußte ich nicht, was das bedeuten sollte. Als aber eine kräftige Männerstimme in holperigen Knittelversen die ortsbekannte Leidenschaft des verheirateten Bauern zu seiner ledigen Sennerin geißelte, wurde mir der Vorgang klar. Es handelte sich um ein Haberfeldtreiben, das meinem Gastgeber galt und ihn vor mir blamieren sollte. So plötzlich, wie der Spuk aufgetaucht war, verschwand er auch wieder. Die Polizei hätte, wenn sie von dem Bauern telefonisch herbeigerufen worden wäre, keinen Haberer mehr vorgefunden. Die großen klassischen Haberfeldtreiber im bayerischen Oberland sind mit dem vorigen Jahrhundert zu Ende gegangen. Hauptsächlich fanden sie in den Gerichtsbezirken Miesbach, Falkenstein, Brannenburg, Rosenheim, Aibling, Wolfratshausen und Tölz statt. Sie waren gegen Delikte gerichtet, die nicht der öffentlichen Gerichtsbarkeit unterlagen, sei es, daß die Schuldbeweise fehlten, sei es, daß kein sühnendes Gesetz dieses Vergehen ahndete. Vielfach forderte Ehebruch angesehener Bauern und unsittliches Verhalten von Geistlichen den Zorn der Haberfeldtreiber heraus, aber auch unsoziales Benehmen von Arbeitgebern, Wucher, Betrug und gesellschaftlicher Hochmut.

Solange diese Haberfeldtreiben nicht ausarteten, waren sie handfeste Proteste gegen tatsächliche Mißstände und die Fortsetzung des von Ludwig dem Bayern aufgehobenen Rügerechts. Es gab dafür feststehende Statuten, die von Mund zu Mund gingen. Als Haberfeldmeister wirkten Männer, die darauf ein Anrecht hatten durch die mit ihren Höfen verbundenen Privilegien. Letztere waren nicht urkundlich, sondern mündlich bezeugt, wie auch das ganze Ritual der Haberfeldtreiber auf jahrhundertealte mündliche Überlieferung zurückging.

Interessant ist, daß ein Haberfeldtreiben demjenigen, den es anging, schon Wochen vorher angekündigt wurde. Ein Vermummter erschien zur Nachtzeit vor dem Haus und teilte dem Betroffenen mit, daß bei ihm »getrieben« würde und er das Haberfeld, d. h. den Platz vor dem Haus, zu leeren, also freizumachen habe. Sein Vieh müsse er fest anhängen, so daß es, durch den Lärm erschreckt, kein Unheil anrichte, und Kranke und Wöchnerinnen sollten aus dem Haus geschafft werden. Man legte sich auf keinen bestimmten Tag fest, um nicht die Behörde auf den Plan zu rufen. Plötzlich, wenn die öffentliche Aufmerksamkeit schon eingeschläfert war, rückten die Haberer von allen Richtungen her an, am liebsten in einer pechschwarzen Neumondnacht, und machten sich durch ohrenbetäubenden Lärm und nicht zuletzt durch Gewehrschüsse bemerkbar. Meistens waren es zehn, zwölf Gruppen unter ebensoviel Kommandanten. Das »Haberfeld«, der eigentliche Ort des Treibens, wurde natürlich durch Vorposten gesichert, die niemand ohne Parole durchließen.

Oft kamen die Haberfeldtreiber zu dreihundert Mann, alle in phantastischer Vermummung mit Harnischen aus Goldflitter, Helmen von Silberpapier, alten Töpfen auf dem Kopf, mit Kapuzinerkutten, Kuhhäuten, Schaffellen, aber auch Umhängen aus Lumpen und Fetzen. Die Gesichter waren mit Mehl oder Ziegelstaub gepudert und oft mit Ruß verschmiert. Die Haberer trugen Bärte aus Werg, Roßhaar oder Moos. Waren sie alle vor dem Haus versammelt, schrie der Haberfeldmeister mit lauter Stimme: »Bauer, is dei Haberfeld laar?«, was das Opfer der nächtlichen Versammlung bejahen mußte, wenn es nicht Gefahr laufen wollte, verprügelt zu werden. Dann verlas der Haberfeldmeister das in Knittelversen abgefaßte Sündenregister und nach jeder verlesenen Missetat fragte er: »Manner, is dös alles wahr?«, worauf die Haberer antworteten: »Ja, wahr is's!« und der Haberfeldmeister sie aufforderte: »Nacha treibt's zua!«

Das ließen sich die Versammelten nicht zweimal sagen, und sie veranstalteten minutenlang denselben Lärm, mit dem sie gekommen waren. Schließlich brachten die Haberer ein »dreimal stürmisch donnerndes Hoch« auf den jeweiligen Regenten des Landes aus und zogen wieder ab, nachdem sie vorher noch ihre Flinten und mitgebrachten Böller abgefeuert hatten. Manchmal zerlegten sie auch einen Heu- oder Mistwagen und stellten ihn, wieder zusammengesetzt, auf dem Hausdach auf. Häufig hängten sie Türen und Fensterläden aus. Streng wurde darauf geachtet, daß kein unmittelbarer Schaden entstand, auch kein Flurschaden. In solchen Fällen leisteten die Haberer vollen Ersatz. Ein ausgezeichneter Kenner des bayerischen Oberlandes, Professor Johann N. Sepp, hat den historischen Nachweis erbracht, daß der sogenannte Habererbund beim Bauernaufstand 1705 als politische Macht hervortrat. Die Oberländer, die damals nach München zogen, um die Landeshauptstadt von der österreichischen Besatzung zu befreien, waren Professor Sepp zufolge hauptsächlich Haberfeldtreiber. Ihre Muttergottesfahne hatte der Weyarner Pater Florentin Haspieder geweiht. Mitmarschiert ist damals auch Balthasar Riesenberger, Huf- und Wagenschmied von Bach. Die Legende hat aus ihm den Schmied von Kochel gemacht, aber Sepp stellte die These auf, daß mit Riesenberger der Meister des Habererbundes fiel und daß 1705 kein Haberer und Wildschütze, also keiner, der ein Gewehr und gerade Glieder besaß, daheimblieb.

Den Pröpsten von Fischbachau wird nachgesagt, daß sie zu den besonderen Freunden und Förderern des Haberfeldtreibens gehörten, weil sie im Kampf gegen die Laster eine seelsorgerische Hilfe erblickten. Sie bedachten allerdings nicht, wie leicht auch ihr eigenes Leben zum Stein des Anstoßes werden konnte. Jedenfalls fiel einer von ihnen der Gebirgsbevölkerung durch seinen ausschweifenden Lebenswandel auf, und die Haberer, die der Ansicht waren, ein Priester müsse entweder den Zölibat einhalten oder sein Priesteramt aufgeben und heiraten, »trieben's« einem hochwürdigen Herrn Anno Domini 1790 so »ein«, daß er wutentbrannt in den Haufen der vermummten Burschen hineinschoß und einen von ihnen tötete.

Am 15. Juli 1834 verlebte der Graf Lodron auf Schloß Maxlrain bei Rosenheim eine unruhige Nacht. Die Haberer verlangten, daß der Graf binnen vierundzwanzig Stunden die Leiche des von einem gräflichen Wildhüter erschossenen Wilderers, des Wachtel Sepp, herausgab. Tatsächlich wurde dieser heimlich auf den offenen Weg gelegt. Die zerschundenen Fingernägel des Jagdgehilfen schienen das Gerücht zu bestätigen, daß er den Angeschossenen lebendig verscharrt hatte. Zum zweitenmal drohten die Haberer mit Gewalt. Sie ließen den Grafen wissen, daß sie sein Schloß anzünden wollten, wenn er seinen Jagdgehilfen nicht entließ. Als er die Drohung zurückwies, durchbohrte seine Equipage, in der er saß, eine aus dem Hinterhalt abgefeuerte Kugel. Nun floh der Graf aus Maxlrain nach München, nicht zum Besten der Haberer, gegen die er fortan sowohl am Hof als auch bei der Regierung seinen mächtigen Einfluß aufbot.

Als kurz darauf in den Gemeinden Kirchdorf, Götting und Vagen »gehabert« wurde, legte die Regierung 70 Mann einer Infanteriekompanie dorthin, damit sie nach Waffen suchten und jede Nacht Streifen durchführten. Die Bauern mußten natürlich für Quartier und Verpflegung der Soldaten aufkommen. Drei Jahre lang wehrten sich die Gemeinden gegen diese Kontribution. Kirchdorf und Götting machten zusammen eine Eingabe, in der sie sich auf die Pfarrer Kirchberger von Au und Kreitmeier von Elbach beriefen. Da sich diese öffentlich und im Kreise ihrer Amtsbrüder freimütig für die Haberfeldtreiber aussprachen, hatte die Eingabe Erfolg. Zuletzt blieb es für jede Gemeinde bei 100 Gulden Abschlagszahlung. Gleichzeitig verordnete König Ludwig I., daß künftig gegen die »alte Sitte« des Haberfeldtreibens nur mehr eingeschritten werden dürfte, wenn das im Interesse der öffentlichen Ordnung läge.

Noch im selben Jahr wurde vor der »Hurenresidenz« des Pfarrers von Irschenberg Haberfeld getrieben. Das erzbischöfliche Ordinariat enthob daraufhin den Pfarrer für einige Zeit seiner Seelsorgerfunktion. Aber nicht allzulange dauerte die Duldsamkeit gegen die Haberfeldtreiber. Nach der Abdankung des Königs erließ die Regierung am 7. Dezember 1848 ein scharfes Edikt gegen sie, weil sie als Revoluzzer gefürchtet waren. Im Freiheitsjahr 1848 hatten die Haberer dem Landrichter von Rosenheim ebenso »getrieben« wie der geizigen Witwe Karl Theodors im Schloß Brannenburg.

Die Verbote halfen nichts. Die Haberer begannen ein Staat im Staate zu werden. Jetzt wußten sich die weltlichen Behörden nicht mehr anders zu helfen, als daß sie den Beistand der Kirche anriefen. Diese, selbst durch die Haberer mehr als einmal bloßgestellt, griff zu ihrer gefährlichsten Waffe, zum Kirchenbann. Erzbischof Gregorius Scherr schleuderte am 30. Oktober 1866 den Bannfluch gegen die Haberer »im Namen des dreieinigen Gottes, des Vaters, des

Sohnes und des Heiligen Geistes«. Die Wirkung war ungeheuer. Alle Haberer hatten damit zu gewärtigen, daß sie vom Empfang der Sakramente ausgeschlossen wurden. Aber nicht nur das: Auch daß ihnen nach ihrem Tod die kirchliche Beerdigung versagt blieb und nicht einmal ein Seelengottesdienst für sie stattfinden durfte, war die unmittelbare Folge des Bannfluchs. Von den Anathema konnte sie außer dem Bischof kein Priester der Diözese freisprechen. Insbesondere die Frauen waren durch diese schwere Kirchenstrafe erschüttert und ergriffen Partei für die Kirche.

So wurde in den nächsten Jahrzehnten kein größeres Haberfeldtreiben mehr abgehalten. Es wuchs eine neue Generation heran, der nicht mehr das erzbischöfliche Anathema in die Ohren gellte, die es aber auch nicht ernst nahm, wenn auf den Kanzeln daran erinnert wurde. In den neunziger Jahren fanden wieder zehn große Treiben statt, 1892 in Egmating, Harthausen, Götting und Tegernsee, 1893 in Finsterwall, Miesbach und in Valley, 1894 in Sauerlach, 1895 in Peiß und Schaftlach. Der neue Habererbund unterschied sich gründlich von den alten. Hatte der Brauch ehedem gefordert, daß Haberfeldtreiber nur ortsansässige, vermögende und bestbeleumundete Männer des Bezirks sein mußten, so bestand der Großteil jetzt aus jungen und manchmal gar nicht ansässigen Radaubrüdern, denen es nicht darauf ankam, das Rügenrecht um der guten Sitten willen zu handhaben, sondern Krach zu machen und sich an Zoten zu berauschen.

Nur ein Ehrenmann hätte früher Haberfeldmeister werden können. In den achtziger Jahren aber war Haberfeldmeister der Daxer von Wall, ein notorischer Wüstling und Pornograph. Er trieb es viel ärger als diejenigen, über die er zu Gericht saß. Das begriffen auch seine Anhänger und sie

wählten 1886 einstimmig Thomas Bacher, einen aus München gebürtigen Dienstknecht vom Kainzhof in Thalham. Dies bedeutete den Bruch der Tradition. Bis dahin waren nur Großbauern oder begüterte Handwerker Haberfeldmeister gewesen, bis 1790 die Nachkommen des bei Sendling gefallenen Riesenberger, hernach der Schmied von Staudhausen mit seiner Nachkommenschaft, schließlich der Moar von Fischbachau und zuletzt der ganz und gar unwürdige Hans Vogel, Daxerbauer von Wall. Obwohl Bacher, genannt der »Bräuthama«, selbst ein untadeliger Mann war, verstand er es nicht, sich durchzusetzen und üble Elemente wie den Daxer auszumerzen. So kam es, wie es kommen mußte.
Die letzten Haberfeldtreiben brachten das bittere Ende des Brauches. Man verriet sich gegenseitig. 1896 saßen dreihundert Haberer im Gefängnis oder im Zuchthaus. Nur vereinzelt konnte sich der Brauch über die Jahrhundertwende erhalten. Er endete nicht deswegen, weil er schlecht war, sondern weil die Männer, die ihn ausübten, der Tradition ihrer Ahnen untreu wurden. Auf die alten Haberer konnte das bayerische Volk stolz sein. Sie wachten nicht nur über Sitte und Recht, sie richteten auch ihr Leben danach ein.

Matthias Kneißl

Räuber und Gendarmenmörder

Es geschah am 21. Februar 1902, an einem regnerischen Freitag. Im katholischen Friedhof von Augsburg bewegte sich ein kleines Trauergefolge zwischen den Gräbern. An der Spitze ging der Kreuzträger im Chorrock, flankiert von zwei Ministranten, ihnen folgte der Geistliche mit den Angehörigen des Toten, dazu einigen Männern, die gar nicht nach Trauer ausschauten, dies waren Polizeibeamte und Journalisten. Der eine und der andere hatte einen Regenschirm aufgespannt; es nieselte fein. Merkwürdig war, daß Hunderte von Menschen, auf der Friedhofmauer kauernd, die Trauerzeremonie begafften. Als der ordinierende Geistliche seine Amtshandlung mit dem Bibelwort beschloß, der Gerechtigkeit sei Genüge getan, hörten die

Neugierigen auf der Friedhofmauer den gellenden Schrei einer Frau »Soll dös aa no a Gerechtigkeit sei?! Umbracht habts'n, ös Justizmörder!«
Die Frau meinte damit ihren Sohn Matthias Kneißl, der eine Stunde vorher unter der Guillotine geendet hatte, weil er wegen Mordes am Gendarmeriekommandanten Brandmeier von Altomünster und wegen vorsätzlicher Körperverletzung mit tödlichem Ausgang, begangen am Gendarmeriewachtmeister Scheidler, zum Tod verurteilt worden war.
Die berühmte Kneißl-Jagd um die Jahrhundertwende fand damit ihr unrühmliches Ende, nachdem zahlreiche Polizeiaufgebote den Mörder ihrer Kameraden vom November 1900 bis März 1901 wie ein Raubwild in den Wäldern, Auen und Gehöften zwischen Aichach, Sulzemoos und Bruck gehetzt hatten. Am Anfang stand ein ganz gewöhnlicher Einbruchdiebstahl, den der 24jährige Kneißl mit seinem Kumpan Holzleitner im Holledauer Oberbirnbach beging. Es war nicht gerade eine Heldentat, daß sich beide an eine verdatterte Bäuerin heranmachten, deren Mann und Dienstboten soeben auf dem Feld arbeiteten. Unter dem Vorwand, Hopfen kaufen zu wollen, hatten sie sich in den Hof eingeschlichen und das Haus geplündert, während sie das Schweigen der Frau mit einem Revolver erzwangen. Dazu gehörte wenig Mut, nur eine Portion Brutalität.
Das Verhängnis nahm seinen Lauf. Holzleitner wurde ein paar Wochen später gefaßt. Kneißl, abgeschreckt durch seine Erlebnisse im Gefängnis Amberg von 1893 bis 1899, hatte sich geschworen, »de greana Frack« nie wieder in die Falle zu gehen. Er hielt seinen Schwur fünf Monate lang mit einer Schlauheit, Verwegenheit, aber auch Grausamkeit, daß seine Zeitgenossen darüber in gruselnde Bewunderung ausbrachen. Ihm war es sogar gelungen, die Auf-

merksamkeit der Menschen von der zu gleicher Zeit stattfindenden militärischen Strafexpedition der internationalen Großmächte in China anläßlich des Boxeraufstandes abzulenken. Neben dem heimatlichen »Kriegsschauplatz« verblaßte jener im Fernen Osten.

Die »Frontberichte« trafen jetzt aus bayerischen Märkten, Dörfern und Weilern ein. Und wenn die Zeitungsträger ihre Journale bei den Abonnenten ablieferten, wurden sie ihnen förmlich aus der Hand gerissen. Man war sich einig darüber, daß der Schachermühlenhiasl, so hieß Kneißl nach seinem elterlichen Anwesen, die Gendarmen, also die Staatsgewalt, immer wieder blamierte. Wo sie auch nach ihm suchten und fahndeten, taten sie es vergeblich. Manchmal fanden sie das Bett noch warm, aus dem er gesprungen war. Es schützte ihn sein geradezu tierhafter Instinkt, freilich auch die Gewinnsucht und Angst derjenigen, die ihm Unterschlupf boten. Sie konnten sich an ihm bereichern; denn er zahlte nobel und, wenn sie sich weigerten, riskierten sie, daß er sie mit seinem Drilling schreckte oder gar niederschoß.

Das auf ihn ausgesetzte Kopfgeld von 400 Goldmark zu verdienen, erschien ihnen mehr als problematisch. Bis sich das auf Fahrräder und Fuhrwerke angewiesene Gendarmeriekommando blicken ließ, waren sie selbst einem gnadenlosen Gewalttäter ausgeliefert, dem es auf eine Kugel mehr oder weniger in seinem Drilling nicht ankam. Der Flecklbauer in Irchenbrunn, der Gütler Rieger, ging das Risiko allerdings ein. Bei ihm, einem übel beleumdeten Subjekt und Gendarmenhasser aus naheliegenden Gründen, wollte der Gejagte übernachten und holte ihn deshalb aus dem Wirtshaus ab. Der Flecklbauer erfüllte zum Schein seine Bitte, beauftragte aber verstohlen einen jungen Bauernburschen, den Gendarmeriekommandanten von Altomünster davon zu verständigen, daß sich der Schachermühlenhiasl heute abend in Irchenbrunn aufhalte. Er wolle ihn mit einigen Maß Bier, Würsten und Geselchtem so lange hinhalten, bis die Polizei käme.

Das war ein treffliches Angebot an die Staatsgewalt. Fing sie den Hiasl, so war der Flecklbauer um 400 Goldmark reicher, streckte der Kneißl einen oder mehrere von den anrückenden Gendarmen nieder, hatte er, Rieger, sein Mütchen an denen gekühlt, die ihm seit eh und je die Hölle heiß machten. Der Denunziant spielte die Rolle des Freundes und Verräters zugleich. Tatsächlich knallte Kneißl zwei Gendarmen über den Haufen. Drei Wochen später starb der Wachtmeister Scheidler an den Folgen seiner Schußverletzung. Dem im Hausfletz des Flecklbauern sterbenden Kommandanten Brandmeier versetzte der Rohling noch einen Fußtritt mit der Aufforderung: »Verreck, bist guat hi!« Und dann entschwand er in der Nacht, der zweifelhafte Sieger, der es fertiggebracht hatte, mit zwei Schüssen elf Kinder zu Waisen zu machen. Dies war Grund genug für die Behörden, das Kopfgeld von 400 auf 1000 Mark zu erhöhen und die Landpolizei mit Stadtpolizei zu verstärken.

Aber die Jagd auf den Gewaltverbrecher blieb auch weiterhin erfolglos. Zwar bekam ihn die Polizei nicht zu Gesicht, dafür machte er bei den Eheleuten Mooseder von Langenpettenbach Besuch. Er überfiel sie, angetan mit einer schwarzen Gesichtsmaske, und zwang sie mit vorgehaltenem Revolver zur Herausgabe von 56 Mark in Silber. Der vogelfreie Vagabund brauchte Geld zu Wegzehrung und Quartier. Nicht immer konnte er seine Herbergsleute mit einem Stück Wild entlohnen, das er in den Wäldern um Altomünster erlegte. Von den paar Raubüberfällen hätte er kaum sein Dasein fristen können, wäre nicht seine Mutter gewesen. Sie, eine geborene Pascolini, steckte ihm stets von neuem Geld zu. Seit ihr Bruder nach der Flucht aus dem Zuchthaus unter der Kugel eines Komplizen verblutete, ihr jüngerer Sohn Alois im Gefängnis gestorben war und ihr Mann, der Schachermüller, nach einem schweren Kirchenraub mit der bei ihm Haussuchung haltenden Polizei in Streit geriet und von ihr zu Schanden geprügelt auf der Gefängnistreppe von Dachau seinen letzten Schnaufer machte, seither hatte die Schachermüllerin nur mehr ihren Buben Hias, an den sie glaubte und für den sie jedes Opfer brachte.

Die Mutter eines Räubers und Mörders war fest davon überzeugt, daß die Schuld an dem Vorgefallenen nicht bei ihrem Sohn, sondern bei der Polizei lag, die ihm keine Ruhe ließ. Die Figur eines antiken Trauerspiels hätte sie abgeben können, die Mutter Kneißl. Aber da war auch noch die übrige Sippe des Gesuchten. Mehr oder minder gehörte sie der städtischen und ländlichen Unterwelt an und schien wie Pech und Schwefel mit dem Schachermühlenhias zusammenzuhängen. Nur einer von ihr, der Gewohnheitsdieb Lorenz von der Schwanthaler Höh' in München, hielt vor der Polizei nicht dicht, als er Unannehmlichkeiten mit ihr hatte und glaubte, den ihn bedrohenden Blitzstrahl auf einen anderen ablenken zu können. Von Lorenz erfuhr die Polizei, daß seine Tochter Mathilde ein Techtelmechtel mit dem Räuber hatte. Kriminalkommissar Bossert konnte so sein Garn spinnen, in dem sich der schlaue Fuchs am Ende doch verfing, gelockt von der ungetreuen Mathilde und deren Mutter, Hiasls leiblicher Base. Die ausgesetzte Fangprämie von tausend Mark wog für die Megären der Unterwelt schwerer als das Versprechen Hiasls, nochmals sein Glück mit dem Raub bei einem reichen Bauern zu versuchen und dann mit Mathilde nach Amerika auszuwandern.

Am 5. März 1901 wanderte Kneißl nach München, gefesselt an Händen und Füßen und halbtot geschlagen von der Polizei, die er über fünf Monate genarrt und durch seine schießfertige Hand um zwei pflichteifrige Beamte gebracht hatte. Kneißl wurde in der Chirurgischen Klinik wie ein Star behandelt und wie ein Star erhielt er Briefe von schönen Damen, die ihm, dem Revolverhelden, ihre Liebe gestanden. Zeitweise war sein Krankenzimmer in ein Blumenmeer verwandelt. Aus dem rohen blutrünstigen Gauner war ein feines Herrchen geworden, den seine Mutter wie einen Stutzer ausstaffierte. So trat er denn auch in der Gerichtsverhandlung auf. Diese ging am 19. November 1901 in Augsburg über die Bühne.

Noch geschickter als sein Verteidiger Pannwitz verteidigte er sich selbst. Er stellte sich als ein Opfer der bürgerlichen Gesellschaft hin, die, wie er behauptete, schuld an seinem moralischen und wirtschaftlichen Elend war. Die beiden Morde charakterisierte er so glaubhaft als unbeabsichtigte Pannen, daß sogar der Richter, Oberlandesgerichtsrat Rebholz, an Hiasls Schuld zweifelte und ihn nur auf den Schuldspruch der Geschworenen hin zum Tod durch das Fallbeil verurteilte. Durch den Gerichtssaal hallte der Schrei der Mutter: »Justizmord!«

Überraschend war eines: Matthias Kneißl hatte während der Untersuchungshaft und in der Verhandlung keinen Namen von Mitschuldigen, Hehlern oder Quartiergebern preisgegeben. Darüber schwieg er beharrlich, ganz anders als der von ihm hochverehrte Bayerische Hiasl, der Dutzende von Freunden und Hehlern, sogar seine Geliebten, durch allzu bereitwillige Geständnisse an die Justiz auslieferte. Das Schweigen bei polizeilichen und gerichtlichen Verhören mag eine Frage guter Nerven und unbeugsamer Willenskraft sein, an der es Kneißl nicht fehlte. Wenn es sich beim Tod erweist, was an einem Menschen ist, schnitt der Mörder von zwei Gendarmen, Einbrecher, Wilderer und Hennendieb bei diesem Test nicht schlecht ab. Er stieg mutig und gefaßt auf das Schafott. Von seinen Lippen kam kein weinerlicher Laut, als er angesichts der Guillotine zum zweiten Mal sein Todesurteil hörte und ihn die Nachrichtergehilfen mit verbundenen Augen und gefesselten Händen zum Sterben führten. Seine letzten Worte sollen gewesen sein: »Jesus, dir leb ich! Jesus, dir sterb ich!«

In den fünfziger Jahren begegnete ich dem Schatten des toten Räubers. Der Bayerische Rundfunk hatte soeben mein Dokumentarspiel über Kneißl gesendet. Da erhielt ich einen Hörerbrief, in dem der Schreiber drohte, mich ebenso erschießen zu wollen, wie es sein Vater Matthias Kneißl mit den Gendarmen getan habe. Er dulde einfach nicht, daß ich den Namen seines Vaters in den Dreck ziehe. Wie zur persönlichen Legitimation vermerkte er sein genaues Geburtsdatum. Ich antwortete darauf, daß der Briefschreiber unmöglich Kneißls Sohn sein könne, weil dieser zur Zeit der angeblichen Vaterschaft schon jahrelang eine Strafe wegen schweren Diebstahls und bewaffneten Widerstands gegen die Staatsgewalt abgesessen habe. Kurz darauf gelangte ein weiterer Brief des »Rächers« an meine Adresse. Darin stand, jahrzehntelang habe man ihn den »Kneißl-Krüppel« geschimpft, sowohl in der eigenen Familie als auch im ganzen Westend. Jetzt, nach meiner Auskunft, wisse er aber genau, daß dies nicht stimmen könne, weil er eben von keinem Mörder abstamme. Zum ersten Mal in seinem Leben fühle er sich glücklich. Dafür müsse er mir danken.

Georg Eisenberger

Der Volkstribun mit dem Gamsbart

Die Kalenderblätter in den Fraktionszimmern des Deutschen Reichstages zeigten den 14. April 1930 an. An diesem Montag plante Dr. Josef Goebbels, Führer der nationalsozialistischen Fraktion, seinen ersten großen Angriff auf den erst vor einem Monat vom Reichspräsidenten berufenen Reichskanzler Dr. Heinrich Brüning. Er hoffte ihn anläßlich der geplanten Biersteuererhöhung mit Hilfe der sieben Mann des Bauernbundes stürzen zu können. Sie brauchten nur seinen Plan zu unterstützen. Und daran zweifelte Goebbels nicht. Wie sollten sich die Bauernbündler unterstehen, für den Regierungsantrag zu stimmen? Ihre bayerischen Wähler würden ihnen das nie verzeihen, kalkulierte Goebbels. Und er kalkulierte falsch. Zwar stellte er sich bei der Abstimmung vor die Bänke des Bauernbundes und hielt ihrem Fraktionsführer Georg Eisenberger, Bauer auf Hutzenau, Post Ruhpolding, eine rote Karte unter die Nase. Rot bedeutete Nein. Um seine Geste zu unterstreichen, rief Goebbels so laut, daß es der ganze Reichstag hören konnte:

»Mit ›Nein‹ müssen Sie stimmen, Eisenberger! Ich zahle Ihnen für jede Nein-Stimme tausend Mark.«

Die Antwort war nicht minder deutlich. Auf gut bayerisch wetterte Eisenberger:

»Rotzbua dreckata, wennst net glei schaugst, daß d' vaschwindst, kriagst a Trumm Fotzn, daß's di draaht. Mit so an Saukrippe, wias du oana bist, tua i net lang rum!«

Da riß Goebbels den Mund weit auf. Eine solche Abfuhr hatte er sich im Reichstag bisher noch nicht geholt. Kopfschüttelnd ging der Braunhemdige auf seinen Platz. Als das Abstimmungsergebnis, 232 gegen 223, bekannt wurde, stand fest, daß sein Angriff auf den Zentrumskanzler mißglückt war. Hätten die Bauernbündler so gestimmt, wie er es wollte, wäre Brüning mit 225 gegen 230 Stimmen in der Minderheit geblieben und schon über die erste Hürde seiner Regierungszeit gestolpert. Das wußte der Reichskanzler sehr wohl. Nach den aufregenden Parlamentssitzung kam es in das Fraktionszimmer der Bauernbündler und bedankte sich beim Hutzenbauer:

»Das werde ich Ihnen nie vergessen, Herr Eisenberger. Sie haben mir das Leben gerettet, wenigstens das politische. Wenn Sie etwas auf dem Herzen haben, kommen Sie zur mir! Ich werde für Sie und Ihre Freunde tun, was ich kann.«

Eisenberger, der vierzig Jahre lang, von 1892 bis 1932, im Gemeinderat von Ruhpolding, im Bayerischen Landtag, in der Nationalversammlung von Weimar und im Deutschen Reichstag Politik machte, verleugnete seine bäuerliche Herkunft in den Parlamenten nie. Er fuhr in seiner Gebirgstracht »zum Regieren« nach München, Weimar und Berlin, und er geriet dabei mehr als einmal sowohl mit dem Eisenbahnpersonal als auch mit Fahrgästen in Konflikt, was später Ludwig Thoma zu seinem Einakter »Erster Klasse« anregte.

Eisenberger oder der Hutzenauer, wie er nach seinem Hofnamen in Ruhpolding hieß, erschien 1905 zum feierlichen Eröffnungsgottesdienst des Landtages in der Michaelskirche und nachher im Thronsaal der Residenz mit Hakelstecken und Gamsbart, sehr zum Mißvergnügen der im reichen Ordens- und Uniformschmuck erschienenen Würdenträger der Krone. Und er fiel nicht nur durch seine Kleidung, sondern auch durch seine politischen Forderungen auf, wie etwa durch sein bedingungsloses Eintreten für die damals noch sehr umstrittenen Forstrechte der bayerischen Bauern. Dabei geriet er oft in Gegensatz zu den politisierenden Geistlichen innerhalb des Zentrums, obwohl er selbst ein guter Katholik war. So teilte er das Schicksal manch unabhängiger bayerischer Politiker. Für die Schwarzen galt er als Roter und für die Roten als Schwarzer. Mit Fug und Recht kann man ihn aber einen bayerischen Volkstribun nennen, dem es mehr darauf ankam, die Rechte und Interessen des Volkes als die seiner eigenen Partei zu wahren.

Das zeigte sich schon bei dem 31jährigen Bauernbündler, als er noch keine parlamentarische Immunität besaß. Er scheute sich beispielsweise nicht, ganz offen für die sogenannten Holzrebellen von Fuchsmühl einzutreten. Damals war ein Zug des Amberger Infanterieregiments unter dem Befehl von Premierleutnant Mayer mit Hurra und aufgepflanztem Bajonett auf 145 Fuchsmühler Forstrechtler losgegangen, weil sich diese im Baron Zollerischen Lehenswald das ihnen nach einem Urteil des Nürnberger Oberen Landgerichts zustehende Holz holen wollten. Bei der militärischen Attacke wurden zwei alte wehrlose Männer rücklings erstochen und einige Frauen schwer verwundet. Trotzdem erging am 29. April 1895 gegen 143 Bauern strenges Urteil wegen Landfriedensbruchs, Forstfrevels, Widerstands und Auflaufs. Der Leutnant und seine bewaffneten Untergebenen wurden freigesprochen, hatte doch das Oberste Landesgericht in München die Nürnberger Entscheidung aufgehoben.

Dieser Fall bestärkte den jungen Hutzenauer noch mehr in seiner Überzeugung, daß es um die Gerechtigkeit für Bauernleute schlecht bestellt war. Um dem bäuerlichen Stand Gerechtigkeit zu verschaffen, zog er weiter landauf, landab. Die Bauern gewannen Vertrauen zu ihm. Am 18. Juli 1905 bestimmten ihn die Wahlmänner von Griesbach im Rottal zum Abgeordneten in ihrem Wahlkreis. Damit begann seine parlamentarische Tätigkeit, die 27 Jahre dauerte. Ob er als Propagandist oder als Abgeordneter des Bauernbundes sprach, es war immer das gleiche, was sich bei dieser Gelegenheit abspielte. In den Wirtschaften zwischen Salzach und Iller, zwischen den Alpen und dem Fichtelgebirge strömte das Bauernvolk zusammen, um den Politiker zu hören, der in ihrer bäuerlichen Sprache zu ihnen redete. Und in den Parlamenten gab es jedesmal ein volles Haus, sobald der hagelbuchene Gebirgler ans Rednerpult trat. Er nahm sich kein Blatt vor den Mund und sagte, was er sich dachte, in seinem kräftigen Dialekt, den, ihrem Applaus oder ihren Mißfallensäußerungen nach zu schließen, auch die mit Spree-, Rhein-, Elbe- und Oderwasser Getauften verstanden.

Aber das Reden allein war nicht seine Sache. Auf Hutzenau arbeitete er als Bauer, so oft er konnte. Manchmal mähte er seine Bergwiesen noch in der Nacht, wenn er mit dem Abendzug aus München oder Berlin zurückkam. In allen seinen Lebensäußerungen war er ein gestandener Mann, bei dem auch in den verworrensten Zeiten der gesunde Menschenverstand obsiegte. Er erlebte die wichtigsten Phasen der neuen bayerischen und deutschen Geschichte nicht als müßiger Zaungast, sondern als leidenschaftlicher Streiter für Recht und Gesetz. Er behielt trotz allen Irrungen und Wirrungen seiner Zeitgenossen einen klaren Kopf.

Als sich in den ersten Novembertagen des Jahres 1918 die Revolution ankündigte, war er gemeinsam mit anderen verantwortungsbewußten Männern bemüht, das Schlimmste zu verhindern. Trotz seiner schier unüberwindlichen Abneigung gegen offizielle Ämter und Würden stellte er sich für die erste geplante parlamentarische Regierung in Bayern zur Verfügung. Er wurde noch am 5. November 1918 zum Staatsrat ernannt, ließ sich aber dabei keinen Maulkorb umhängen. Gegen den Ministerpräsidenten Dandl, den Innenminister Brettreich und Kriegsminister Hellingrath erhob er die bittersten Vorwürfe, daß sie mit offenen Augen ins Verderben rannten und glaubten, mit unwirksamen bürokratischen Maßnahmen könnten sie die Sturmflut der Revolution eindämmen. Als dann Kurt Eisner die Theresienwiese in ein rotes Fahnenmeer verwandelte, sah der unbequeme Warner und Mahner seine Vorwürfe nur allzu drastisch bestätigt. Und drastisch unmißverständlich war seine in einem kgl. bayerischen Ministerium noch nie gehörte Lagebeurteilung: »Jetzt hamma de Sauerei!«

Er hätte seine Hände in Unschuld waschen und nach Ruhpolding zurückkehren können, wo er Bürgermeister war. Doch er gehörte nicht zu den Kirchturmpolitikern, die nur an ihre Gemeinde denken, er dachte an das ganze Land. Bayern durfte nicht zugrunde gehen. Darum blieb er im Münchner Landtag und arbeitete mit den neuen Machthabern zusammen, solange es möglich war. Die Menschen brauchten Verpflegung. Dafür fühlte sich der Bauer Eisenberger verantwortlich, und er beschwor seine Freunde, der ausgehungerten Bevölkerung nicht entgelten zu lassen, was die sich immer mehr radikalisierenden Arbeiter- und Soldatenräte verschuldeten.

Allerdings hatte Eisenbergers Toleranz gegenüber den anarchistischen Kräften in München eine Grenze. Als Eisner am 21. Februar 1919 ermordet wurde und die sinnlose Schießerei im Landtag weiterging, wo der Abgeordnete Osel und der Polizeimajor Jahreis tot zusammenbrachen, kehrte der Hutzenauer dem Spartakistenklüngel den Rükken. Eine neue Regierung bildete sich am 7. März. An ihrer Spitze stand der Sozialdemokrat Hoffmann. Landwirtschaftsminister sollte Eisenberger werden. Er wehrte sich mit Händen und Füßen dagegen: »I bin net der Richtige!« sagte er. »Nehmts den Mühlenbesitzer Steiner, der kennt si besser aus mit de Akten und mit der Bilanz. Und der hat an Frack und an Zylinder, dös hab i alls net.«

Nie dachte der Hutzenauer daran, aus der Politik für sich Kapital zu schlagen. So wie er das Ministeramt ablehnte, verhielt er sich auch, als der französische Ministerpräsident Millerand seinen Neffen nach Bayern schickte, um unter den bayerischen Politikern Männer zu suchen, die sich mit der Trennung Bayerns vom Reich einverstanden erklärten. Mitglieder der bayerischen Hocharistokratie waren diesen Plänen nicht abgeneigt, aber Georg Eisenberger, nunmehr bayerischer Abgeordneter der Weimarer Nationalversammlung, wollte nichts davon wissen. Darum fuhren der Neffe Millerands und zwei andere Franzosen nach Hutzenau. Da ihr ganzes Zureden nichts fruchtete, zog einer von ihnen aus der Brieftasche einen Scheck, der den Hutzenauer mit einem Schlag zum reichen Mann gemacht hätte. Die Reaktion des oberbayerischen Gebirgsbauern kam den Franzosen unerwartet. Nicht nur, daß er den Scheck zerriß, er setzte die ungebetenen Gäste auch noch unsanft vor die Tür. Und zu seinem Sohn Girgl, der Zeuge der Szene geworden war, sagte er lakonisch: »Vui ko ma kaffa auf der Welt, aber an Hutzenauer net.«

Ihren Höhepunkt erreichte die politische Karriere Eisenbergers auf Weihnachten 1931. Damals rief ihn Brüning telegraphisch nach Berlin, damit er ihm über die Not der bayerischen Bergbauern berichte. Kaum von einer schweren Magenoperation genesen, nahm der 68jährige die Einladung an und schilderte dem Reichskanzler mit bewegten Worten, wie schlecht es den Bauern im Gebirge ging. Ein Kalb war damals für 22 Mark zu kaufen, eine Kuh für 60 Mark. Während Deutschland das Holz aus Rußland und Finnland importierte, verfaulte es in den oberbayerischen Bergwäldern, weil es nicht gekauft wurde. Ein Bauernhof nach dem anderen kam auf die Gant. Tief beeindruckt von den Worten Eisenbergers versprach Brüning, sich mit dem Reichspräsidenten Hindenburg über die Maßnahmen zu beraten, die zur Linderung der Bergbauernnot getroffen werden sollten.

Es kam nicht dazu. Hindenburg, dessen Herz für die ostelbischen Junker schlug, aber nicht für die bayerischen Bergbauern, schickte Brüning 1932 in den politischen Austrag. Der Reichstag wurde aufgelöst. Eisenberger kehrte nicht mehr ins Parlament zurück. Er war kein Jasager, wie ihn das kommende Dritte Reich brauchte. Fragte man den Hutzenauer während der nächsten 13 Jahre, wie er sich fühle, antwortete er mit einem melancholischen Lächeln: »Wia a Gaul, dem wo man d'Eisn abagrissn hat!«

Am 30. April 1945 ist der 82jährige Bergbauer eingeschlafen und nimmer aufgewacht. Als ihn ein Häuflein treuer Freunde zu Grab trug, hörte man das Schießen der von Eisenärzt her vorrückenden amerikanischen Panzer. Das war der Ehrensalut für den toten Hutzenauer.

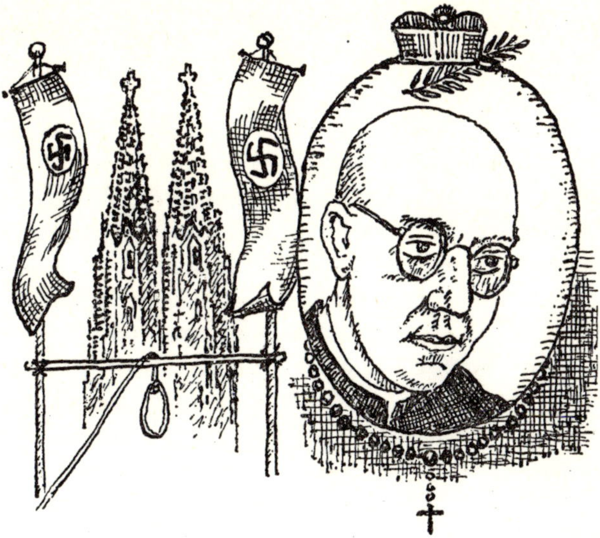

Dr. Johann Maier

Der Priester am Galgen

In der Nacht zum St.-Georgs-Tag, dem 23. April des Jahres 1945, flog die amerikanische Luftwaffe einen ihrer schwersten Angriffe auf Regensburg. Die alte Reichs- und Bischofsstadt brannte an allen Ecken und Enden. In den Luftschutzkellern lauschten die Menschen ängstlich auf die Detonationen und rechneten damit, daß dem Luftbombardement der langerwartete Panzerangriff folgte; denn die amerikanischen Batterien feuerten bereits von Regenstauf her, doch die Amerikaner blieben aus. Dafür begann die SS die Donaubrücken zu sprengen. Zuerst wurde der kleine eiserne Steg am Unteren Wöhrd in die Luft gejagt. Der Luftdruck war so stark, daß er auch noch die Fenster des

Domes zerbrach. Den Boden des Innenraums der Kirche bedeckten Glasscherben, Bleistreifen und Fetzen der Notverkleidung.

Im Morgengrauen räumte der Domprediger Dr. Johann Maier mit einigen Getreuen die Stätte der Verwüstung auf. Während er die Scherben zusammenkehrte, flüsterte ihm ein Bekannter zu, daß für den kommenden Abend eine Versammlung am Klarenanger vor dem Neuen Rathaus geplant sei. Ein SS-General werde dort über die kampflose Räumung der Stadt sprechen, und zwar um sechs Uhr. Dr. Maier lächelte ungläubig. Ein SS-General, der über Kapitulation sprach, wäre ihm wie ein Engel in schwarzer Uniform erschienen. Solche Engel gab es nicht. Entweder handelte es sich um eine Falle, in die alle Kriegsmüden und Defätisten der Stadt gehen sollten, oder eine Oppositionsgruppe hatte die Parole ausgegeben, um den Widerstand gegen den nutzlosen Verzweiflungskampf zu organisieren. Letzteres hielt Maier für das Wahrscheinlichste.

Vielleicht konnte er auf dieser Versammlung die mächtige, unüberhörbare Stimme des Volkes werden, das sich nach dem Frieden sehnte. Er dachte nicht mehr an sich selbst, nicht mehr an die ehrenvolle Laufbahn, die ihm bevorstand. Mit 32 Jahren zum Domprediger bestimmt, hatte er alle Aussicht, bald ins Domkapitel berufen zu werden. Es gab Leute, die ihn, den Bauernbuben aus Marklkofen, schon heute einen aussichtsvollen Anwärter auf den Bischofsstuhl nannten. Vom Germanicum aus hatte ihn Papst Pius XI. als seinen Sonderkurier mit dem Flugzeug zum Reichspräsidenten Hindenburg geschickt. Für Maier war das alles vergessen. Heute ging es um die Rettung von abertausend Menschenleben, und das bedeutete ihm mehr als eine Karriere.

Um sechs Uhr füllte sich der Klarenanger. Der Kreisleiter

in seiner goldbetreßten Parteiuniform zwängte sich durch die Menge. Mit aufgehobenen Händen flehten ihn die Frauen an, er möge die Stadt freigeben und es nicht zum großen Blutvergießen kommen lassen. Darauf gab er nur eine verlegene Antwort; nicht er, sondern der Stadtkommandant habe Befehlsgewalt. Wenn aber die Frauen heimgingen, würde ihnen kein Leid geschehen, versprach der Goldfasan und kehrte unangefochten in die Kreisleitung zurück.

Einige Minuten später heulten die Luftschutzsirenen auf. Am Rundfunk meldete sich die Regensburger Kreisleitung und gab bekannt, Staatsfeinde hätten zu einer illegalen Kundgebung aufgerufen. Auf der Teilnahme daran stünde die Todesstrafe. Doch nichts beirrte die Versammelten. Sie blieben. Auch als eines der so selten gewordenen deutschen Flugzeuge fast bis auf die Häuser herunterging und mit ohrenbetäubendem Lärm über die Menschen hinwegdonnerte, anscheinend um sie einzuschüchtern, rührten sie sich nicht von der Stelle. Im Sprechchor riefen sie: »Gebt die Stadt frei!« Immer lauter, immer drohender wurde der Ruf der Masse, aber niemand zeigte sich am Rathaus, niemand hatte den Mut, zum Volk zu sprechen.

Der vieltausendköpfigen Menge bemächtigte sich eine ungeheure Erregung. Wie eine riesige Schlange wälzte sie sich vom Klarenanger auf die Kreisleitung zu. Da stürzte Kriminalpolizei, Volkssturm und SS wie eine Meute von Bluthunden auf die Demonstranten los. Überall wurde verhaftet, geschlagen und gestoßen. Es war, als stünde ein Pulverfaß vor der Explosion. In diesem Augenblick erklomm die hochgewachsene Gestalt des Dompredigers den Fenstervorbau eines Luftschutzkellers gegenüber der Klarenangerschule. Durch die Menge ging der Ruf: »Der Domprediger redet, hört zu!« Aller Augen richteten sich auf ihn.

Da stand er wie auf der Kanzel im Dom, nur wendete er sich diesmal nicht an die Kirchgänger, sondern begann mit den Worten: »Regensburger aller Glaubensgemeinschaften und aller politischen Überzeugungen! Es ist unser unwürdig, einen Aufruhr zu stiften. Wir Christen machen keine Revolution. Erst gestern haben wir das Christuswort gehört, daß wir der Obrigkeit Gehorsam schulden. Wir kommen mit einer Bitte. Wir bitten um die Freigabe der Stadt aus folgenden vier Gründen ...«

Der Domprediger hatte keine Gelegenheit mehr, die Gründe zu nennen. Ein Kriminalkommissär riß ihn von seinem Standplatz herunter und erklärte ihn für verhaftet. Wohl versuchten Frauen und Männer, ihn zu befreien, aber SS-Leute mit Maschinenpistolen trieben sie auseinander. Bezirksinspektor Lottner schrie: »Laßt den Domprediger zu Ende reden, verdammt noch einmal!« Auch ihn ergriffen die Schergen und überwältigten ihn. Zusammen mit dem Domprediger führten sie ihn ab.

Kurz darauf stand Dr. Johann Maier vor dem in der Polizeidirektion eilig zusammengerufenen Standgericht. Am Tisch saßen der Amtsrichter und der Staatsanwalt, außer ihnen noch die zwei Beisitzer des Standgerichts, ein Gendarmerieoffizier und ein Parteifunktionär. Auch der Kreisleiter war gekommen, um seinen Triumph zu genießen. Es handelte sich um fünf Angeklagte, um Dr. Maier, um einen Elsässer, der zufällig in die Versammlung geraten war, um einen jungen Soldaten, der sich über die Warnschüsse mit Platzpatronen lustig gemacht hatte, um einen Pensionisten, der unabsichtlich mit einem SS-Mann zusammengestoßen war, und um den vierundsechzigjährigen Lagerarbeiter Josef Zirkl, der aus der Bäckerei gerade einen Laib Brot geholt und in der Versammlung über die Nazi geschimpft hatte. Gegen sie alle wurde Anklage erhoben. Bezirksinspektor Lottner lebte nicht mehr. Unmittelbar nach seiner Verhaftung war er auf der Kreisleitung durch Genickschuß liquidiert worden.

Das Gericht hatte, genaugenommen, nur eine Aufgabe: den Domprediger zum Tod zu verurteilen. So wollte es der Gauleiter, der mit dem Kreisleiter schon vor der Verhaftung telefoniert und ihm befohlen hatte, die Rädelsführer am selben Platz aufzuhängen, auf dem die Demonstration stattgefunden hatte.

Fünf Stunden lang saßen die Gerichtsherren an ihrem Tisch, die Angeklagten mußten fünf Stunden lang stehen. Verbrecher, Landesverräter nannte der Amtsrichter den angeklagten Domprediger, obwohl er ihm das »Verbrechen« erst nachweisen mußte. Für den Richter bedeutete das allerdings keine Schwierigkeit. Verbrechen war für ihn allein schon, daß Maier um die Freigabe der Stadt bat. Dadurch, meinte er, habe der Domprediger den Tatbestand der Wehrkraftzersetzung erfüllt. Während der Standgerichtsverhandlung feuerte die amerikanische Artillerie ununterbrochen auf Regensburg. Vier Bögen der achthundertjährigen Steinernen Brücke flogen in die Luft, weil sie die SS sprengte. Macht- und hilflos fluteten Truppenteile der Wehrmacht nach Niederbayern zurück. Aber gemäß richterlicher Sentenz zersetzte Dr. Maier die Wehrkraft. Auch der 64jährige Lagerarbeiter Josef Zirkl, dem es nur um seinen Brotlaib und sein durch die Bomben bedrohtes Haus ging, auch er war, wie der Richter behauptete, ein gefährlicher Staatsfeind. Der Verteidiger fehlte in dieser Verhandlung. Als der Staatsanwalt nach ihm fragte, antwortete der Richter: »Brauchen wir nicht.«

Der Richter wollte auch keine Entlastungszeugen. Als Zeugen sagten Polizisten, Amtswalter und Denunzianten gegen den Domprediger aus. Vierzig Personen füllten den

Raum. Darunter war niemand, der ein Wort zugunsten des Angeklagten gewagt hätte. Der mußte sich selbst verteidigen. Und er tat es mit Würde. Mit keiner Silbe schwächte er seine sogenannte Schuld ab. Er sagte angesichts seiner Feinde, daß er es für seine priesterliche Pflicht gehalten habe, die Menschen auf dem Platz zu beruhigen, jedoch auch, daß er die gewaltlose Übergabe der Stadt gewollt habe und immer noch wolle.

Nachdem der Staatsanwalt die Todesstrafe für alle fünf Angeklagten gefordert hatte, zogen sich Richter und Beisitzer zur Urteilsberatung zurück. Sie debattierten nicht lange, da stürzte ein SS-General in das Sitzungszimmer und brüllte: »Warum ist der Befehl des Gauleiters noch nicht vollzogen? Er hat angeordnet, daß die Angeklagten verurteilt werden müssen!« Zum Tod natürlich! Das sprach der SS-General nicht aus, aber so war es am Telefon zwischen Kreisleiter und Gauleiter vereinbart worden. Trotz bestem Willen konnte der Richter die drei Mitläufer der Demonstranten, den jungen Soldaten, den Elsässer und den Pensionisten keines todeswürdigen Verbrechens für schuldig finden. Er beantragte ihren Freispruch.

Bei Maier und Zirkl argumentierte er anders. Ein Freispruch für sie komme einem Freibrief gleich, ähnliche Demonstrationen von neuem durchzuführen. Solche Schädlinge gelte es aus der deutschen Volksgemeinschaft auszumerzen. Also die Todesstrafe für Maier und Zirkl! Der Richter belehrte die Beisitzer nicht, daß man den Fall auch an das ordentliche Gericht überweisen konnte, und daß es möglich gewesen wäre, nur eine Zuchthausstrafe auszusprechen. Aber wozu das auch? Das hieß sich in Widerspruch zum Gauleiter setzen. Es kam jetzt für den Richter nur in Frage: Tod für Maier und Zirkl! Der eine Beisitzer, der Parteifunktionär, nickte kaum merklich. Wenn es ihm der Richter so darlegte, konnte er nicht dagegen stimmen, aber ein lautes Ja brachte er auch nicht über die Lippen. Dem Amtsrichter genügte das. Der andere Beisitzer, der Gendarmeriemajor, war der Jüngste in der Runde. Jetzt kam die Stunde seiner Bewährung. Wenn er sich als treuer Gefolgsmann des Führers auswies, stand seiner Beförderung zum Oberstleutnant nichts mehr im Wege. Er stimmte deutlich und klar für das Todesurteil.

Nach der Beratung kehrte der Gerichtshof in den Saal zurück und der Richter verlas das Urteil: Tod für Maier und Zirkl, Freispruch für die drei anderen Demonstranten. Dem schwerhörigen Zirkl, der nicht verstand, was der Richter sagte, schrie ein Polizist ins Ohr: »Zum Tod verurteilt!« Den Domprediger würdigte der Richter einer besonderen Belehrung. Als Priester habe er seinen Platz in der Kirche und nicht auf der Straße. Wenn der Führer solche Demonstrationen ausdrücklich verbiete und die Teilnahme an ihnen als Rebellion betrachte, müsse der Verurteilte seine Tat eben mit dem Tod sühnen.

Drei Stunden später bewegte sich von der Polizeidirektion zum Moltkeplatz ein seltsamer Zug. Zwei Männer gingen in der Mitte, die Hände auf den Rücken gefesselt. Der eine von ihnen war der Lagerarbeiter und Hausbesitzer, der andere der Domprediger. Ihn hätten seine Freunde nicht mehr erkannt. Er hatte im Gefängnis seine Priesterkleidung ablegen und dafür ein Sträflingsgewand anziehen müssen. So sollten ihn die Regensburger wiedersehen. Der Galgen am Moltkeplatz war schon aufgestellt: zwei Fahnenstangen, zwischen denen eine Querlatte festgebunden war, nicht höher als unbedingt notwendig. Wer da hängte, berührte mit den Fußspitzen fast noch die Erde, aber das Genick war ihm gebrochen.

Noch ein dritter Delinquent machte den nächtlichen

Marsch mit, doch wurde er getragen. Es war Michael Lottner, der auf der Kreisleitung gemeuchelte Bezirksinspektor. Einer der SS-Leute trug ein Pappeschild, auf dem zu lesen war: »Hier starb ein Saboteur.«
Kanonendonner tönte aus der Ferne. »Schneller, schneller!« trieb ein Wächter die Gefangenen an. Am Moltkeplatz machte die Hinrichtungskolonne halt. »Aufhängen!« kommandierte der Scharführer. Seine Männer brachten nicht zum ersten Mal Menschen um. Ihr Handwerk hatten sie in den Konzentrationslagern gelernt. Hastig und brutal gingen sie vor. Als sie dem Lagerarbeiter die doppelschlaufige Schlinge um den Hals warfen, schrie er noch einmal auf, dann stießen sie ihn von einem Holzblock herunter und die Schlinge zog sich zusammen.

Schon zerrten andere Hände den Domprediger zwischen die Stangen. Auch er wurde auf den Holzblock gestellt und fühlte den rauhen Papierstrick am Hals. »Herr, verzeih ihnen!« betete er noch ... dann schwand ihm der Boden unter seinen Füßen. Wie aus weiter Ferne hörte er vielleicht noch eine Stimme: »Fahr zur Hölle, Pfaff!« Dann verlor er das Bewußtsein. Den Toten wurde das Prangerschild an die Brust gesteckt: »Hier starb ein Saboteur!« Der Leichnam des Bezirksinspektors erhielt seinen Platz unter den Gehängten. Am nächsten Tag zogen die Regensburger an ihrem toten Domprediger vorbei, um von ihm Abschied zu nehmen. Freunde brachten den Leichnam abends in den Oberen Friedhof. Dort lag er noch volle zwei Tage, weil die amerikanische Artillerie aus allen Rohren auf die Stadt feuerte. Und als am dritten Tag die amerikanischen Panzer durch die Straßen Regensburgs rollten, fiel kein Gewehrschuß gegen sie, wurde keine Panzerfaust gegen sie abgefeuert. Eine Stunde nach der Hinrichtung des Predigers war die SS aus der Stadt geflohen.